TALK MANDARIN TODAY

Related Titles Published by The Chinese University Press

Business Chinese: An Advanced Reader
《商貿漢語高級讀本》
By Songren Cui 崔頌人 著 (2003)

Chinese Language and Culture: An Intermediate Reader
《漢語與文化讀本》
By Weijia Huang and Qun Ao
黃偉嘉、敖群 合著 (2002)

Kung Fu (Elementary Putonghua Text)
《功夫》
Edited by John C. Jamieson and Tao Lin
簡慕善、林濤 主編 (2002)

A Student Handbook for Chinese Function Words
《漢語虛詞學習手冊》
By Jiaying Howard 莊稼嬰 著 (2002)

Talk Mandarin Today
By Hong Xiao (2003)

A Learners' Handbook of Modern Chinese Written Expression
《現代漢語書面語學習手冊》
By Yu Feng 馮禹 著 (2000)

A Guide to Proper Usage of Spoken Chinese
《漢語口語指引》
By Tian Shou-he (1996 second edition)

Chinese-English Dictionary
《漢英小字典》
Edited by Chik Hon Man and Ng Lam Sim Yuk
植漢民、吳林嬋玉 合編
(1994 second edition)

A Practical Chinese Grammar
By Samuel Hung-nin Cheung,
in collaboration with Sze-yun Liu and Li-lin Shih (1994)

Fifty Patterns of Modern Chinese
By Dezhi Han (1993)

English-Cantonese Dictionary
《英粵字典》
Edited by New Asia–Yale-in-China Chinese Language Center,
The Chinese University of Hong Kong (1991)

今日学说普通话
Talk Mandarin Today

肖紅 著

By Hong Xiao

The Chinese University Press

Talk Mandarin Today
   By Hong Xiao

© **The Chinese University of Hong Kong,** 2003, 2005

ISBN 962–996–271–3

First edition 2003
Second edition 2005

THE CHINESE UNIVERSITY PRESS
The Chinese University of Hong Kong
SHA TIN, N.T., HONG KONG
Fax: +852 2603 6692
      +852 2603 7355
E-mail: cup@cuhk.edu.hk
Web-site: www.chineseupress.com

Printed in Hong Kong

Contents

Appendices

Preface

If you have been looking for a practical guide to learning and getting by in Mandarin, one that will give you confidence and fluency, quickly, and also enjoyably, then I hope you find this is the right book for you. *Talk Mandarin Today* is written for all types of adult learners, especially the small business person, holiday makers, and students learning Mandarin Chinese as a second language from scratch.

This first edition grew out of my lectures to beginner and intermediate learners of Chinese at Trinity College, Dublin and at King's College, London. This book has been developed in response to the rapidly changing world, which has left many of the popular Mandarin Chinese textbooks behind with an outdated vocabulary, an insular "school" emphasis and which have often failed to meet the needs of adult learners.

With the busy reader in mind, each lesson works first to bring fast acquisition and build practical ability in speaking the language. Reader confidence is the key! And I hope that by 1) cutting excessive explanations of grammar, 2) providing simple sentence structures, 3) avoiding academic hair splitting, a more intuitive understanding is imparted. This way the text helps the learner to build confidence quickly in order to speak, to try, and to put what they have learned into practice.

The dialogues in each of the 30 lessons are encounters with the real world, in everyday scenarios that a person travelling to or working in China would likely find themselves in. In designing this book I have also made an effort to include the new terms and words that are now common in speech since the advance of information technology and the widespread use of the internet.

Drawing on my experience from decades of teaching Chinese to second language learners, I have found that a lesson's simplicity, human interest and humour are the key components in bringing out the best of any language learning. This is what I hope this book will bring to you, the reader. I am confident that you will find learning with *Talk Mandarin Today* an enjoyable and successful experience.

Hong Xiao

King's College, University of London

2003

Introduction

Talk Mandarin Today is written for all types of adult learners, especially the small business person, holiday makers, and students learning Mandarin Chinese as a second language from scratch.

This first edition grew out of my lectures to beginner and intermediate learners of Chinese at Trinity College, Dublin and currently King's College, London. The draft version of this book has been trialled at King's College. The text has been revised and modified according to my observations of classroom activities and feedback from my students.

Contents   The contents of each lesson are selected considering time, space and human activities. All 30 lessons are written in a form of dialogue based on real world situations. Lessons 10, 20, and 30 are reading reviews for Lessons 1–9, 11–19, and 21–29 respectively:

a). Lessons 1–10 cover topics relating to time, personal status, and communication tools (business cards, telephone, mobile phones, fax, e-mail, post);

b). Lessons 11–20 cover topics relating to space, such as location, getting about, making bookings and money matters.

c). Lessons 21–30 are about social activities. Topics covered in these lessons include making friends, making an appointment, dining out, inviting friends home, watching a play, shopping, receiving and refusal, etc. The last lesson deals with coping with emergency situations.

Sounds   A Romanized Pinyin system is used to assist in using a dictionary. In the first five lessons, there are more exercises for phonetics and tones to assist the learner in their pronunciation. The most difficult sounds are stressed in each topic.

Characters   Characters are an integral part of each lesson and emphasis is placed in learning them from the start to avoid later confusion with homophonies. A total of 730 words are collected in the textbook. The three systems of writing, the stroke, radical and character are introduced in a separate Character workbook.

Words, Phrases and Sentences   Words, phrases and sentences are in the Beijing spoken style. Some colloquial words, such as 劳驾 (láo jià)，真棒 (zhēn bàng)，甭 (béng) etc. and newly developed words, such as 伊妹儿 (yīmèi-r)，打的 (dǎdī)，酷 (kù) etc. are also included so that the learner will get a vivid sense of the daily used language in Modern China. Word, rather than character, like traditional printing usually adopted, are spaced out. By doing so, I shall leave the conflict between word (词 cí) and word element (词素 císù) to linguists to argue, but provide the learners with the most straightforward, vivid, and easy way of learning.

Grammar   The explanation of grammar is simple. I have tried hard to avoid redundant and meaningless terminology that means little to busy people. Instead, simple words and clear examples are used in the hope of giving the learner the real sense of the language, rather than memorizing grammatical rules. Key sentences have been constructed step by step, aimed at enabling the learner to see the internal structure of the sentences intuitively. I have tried to avoid analysing them in the traditional terminology. Short dialogues are given at the end of each lesson, to give the learner more opportunities to practice the grammar and expand the vocabulary.

Culture   The dialogue and scenarios have been selected to contrast the traditional Chinese values with the western way of interaction. Culture is implicit in how the characters respond to one another in the given circumstance. The cultural aspect is more defined in later chapters that deal with protocol and refusal — where contrasts in the cultures are apparent and keys to solving them are noted. Discussion topics raise a greater cultural awareness in the learner.

Acknowledgements

I am most grateful to Mr Kevin Long for his valuable advice, encouragement and editorial assistance during this book's preparation.

Also, I would like to thank those who give me much help during the last 10 years of my academic career here in Europe. It would not be possible to finish this book without their great help. Amongst them, I would like to especially thank Mr David Rice, and Daxiang who have been a constant source of support and encouragement.

Hong Xiao

King's College, University of London

Introduction to Mandarin Chinese

1. Mandarin and Other Dialects

A unique and united language, the Chinese language is used in the vast part of China. However its people speak at least eight different dialects. These main dialects include:

	Dialect		Standard sound		Spoken by population
1	普通话	Mandarin	北京	Běijīng	70%
2	吴	Wú	上海	Shànghǎi	8.4%
3	湘	Xiāng	长沙	Chángshā	5%
4	赣	Gàn	南昌	Nánchāng	2.4%
5	客家	Kèjiā	梅县	Méixiàn	4%
6	粤	Yuè	广州	Guǎngzhōu	5%
7	闽北	Mǐnběi	福州	Fúzhōu	1.2%
8	闽南	Mǐnnán	厦门	Xiàmén	3%

Mandarin, or Pǔtōnghuà (Common speech, the term is used in Mainland China, Hong Kong), Guóyǔ (National language, the term is used in Taiwan, Malay, Singapore), is based on Northern dialect. Mandarin takes the Beijing dialect as its standard pronunciation, and the grammar in well-known works of modern language and literature as its model.

2. Phonetic System and Tones

One of the distinctive features of modern Chinese phonetics is that most words exist in a form of double syllables, e.g. 妈妈 māma, in which m is initial and a is final. "-" the little mark above the a is the tone of the character. All initials, finals and tones are as follows:

a. Initials

Group 1	b	p	m	f
Group 2	d	t	n	l
Group 3	z	c	s	
Group 4	zh	ch	sh	r
Group 5	j	q	x	
Group 6	g	k	h	

b. Finals

a	ai	ao	an	ang					
o	ou	ong							
e	er	ei	en	eng					
i	ia	iao	ie	iu	ian	in	iang	ing	iong
u	ua	uo	uai	ui	uan	un	uang	ueng	
ü	üe	üan	ün						

c. Tones

First tone	Second tone	Third tone	Fourth tone	Neutral tone
‒	´	ˇ	`	.

Note that some combinations of initial and final do not exist in actual speech.

Tone is the other distinctive feature of Chinese phonetics. In theory, Mandarin has four tones. However, at practical level, a neutral tone is also used. Musical instruments can play these tones, therefore (when properly pronounced) they can be quite pleasant to the ear. Mandarin has been called the French of Oriental languages pcoduce. Mind you, an adult learner will need a lot of practice to accurately produce these tones.

3. Characters

Characters rather than phonetics are in use in China. Both simplified (used in Mainland China) and traditional systems (used in Hong Kong, Taiwan, etc.) are used. An example of the simplified system 妈妈 māma, and traditional system 媽媽。

There are about over 40,000 characters, in which more than 3,000 are frequently used. All characters consist of radicals (about 188 in total), and in turn, all radicals consist of strokes (8 basic strokes). Characters look quite difficult to learn at first glance and you may find writing these characters from memory a difficult task, more so than reading or copying them. However, characters are like jigsaw puzzles that have pieces that can be re-constructed at different positions in different characters. This makes them easier to recognize than you would expect. It is recommended that you attempt to learn some characters as you learn to speak the language in order to avoid any confusion over homophones.

Survival Phrases

1. 您 好！ — Nín hǎo — How do you do?
2. 再见！ — Zài jiàn — Good-bye!
3. 多 谢！ — Duō xiè — Thanks a lot!
4. 对不起，我 不 懂。 — Duìbuqǐ, wǒ bù dǒng. — Sorry, I do not understand.
5. 请问，您讲 英语 吗？ — Qǐngwèn, nín jiǎng Yīngyǔ ma? — Excuse me, do you speak English?
6. 很 抱歉！ — Hěn bàoqiàn. — I am sorry!
7. 劳驾，请 帮帮 忙。 — Láo jià, qǐng bāngbang máng. — Excuse me, please help.
8. 请您 稍 等。 — Qǐng nín shāo děng. — Please wait for a while.
9. 请 再 说 一 遍。 — Qǐng zài shuō yí biàn. — Please say once more.
10. 请 慢 一点儿 说。 — Qǐng màn yìdiǎn-r shuō. — Please say it slowly.
11. 我 迷路 了。 — Wǒ mílù le. — I am lost.
12. 劳驾，厕所 在 哪儿？ — Láo jià, cèsuǒ zài nǎ-r? — Excuse me, where is the toilet ?
13. 这 个 多少 钱？ — Zhèi ge duōshao qián? — Excuse me, how much is this?
14. 我 想 喝 点儿 水。 — Wǒ xiǎng hē diǎn-r shuǐ. — I want to drink some water.
15. 我 想 吃 点儿 东西。 — Wǒ xiǎng chī diǎn-r dōngxi. — I want to eat something.
16. 我 有点儿 冷。 — Wǒ yǒudiǎn-r lěng. — I feel a little bit cold.
17. 我 病 了。 — Wǒ bìng le. — I am not feeling so well.
18. 救命 啊！救命 啊！ — Jiùmìng a! Jiùmìng a! — Help! Help! (In an emergency)

Introductions

Mr. Wang introduces Mr. Green to Ms. Ding, and then they exchange their business cards.

王　：丁 女士，这 是 格林 先生，从 美国 来。

格林：您 好！丁 女士。

丁　：很 高兴 认识 您。叫 我 老 丁 吧，我 是 公司
　　　的 新 经理。

格林：很 高兴 认识 您。这 是 我的 名片。

丁　：多 谢！这 是 我的 名片。

Wáng　: Dīng nǚshì, zhè shì Gélín xiānsheng, cóng Měiguó lái.

Gélín　: Nín hǎo! Dīng nǚshì.

Dīng　: Hěn gāoxìng rènshi nín. Jiào wǒ Lǎo Dīng ba, wǒ shì gōngsī de xīn jīnglǐ.

Gélín　: Hěn gāoxìng rènshi nín. Zhè shì wǒde míngpiàn.

Dīng　: Duō xiè! Zhè shì wǒde míngpiàn.

Wang　: Ms. Ding, this is Mr. Green, coming from America.

Green　: How do you do? Ms. Ding.

Ding　: Pleased to meet you. Call me Old Ding. I am the new manager of the company.

Green　: I am very glad to meet you, this is my business card.

Ding　: Thank you! Here is my business card.

New words

1.	王	Wáng	a Chinese family name
2.	丁	Dīng	a Chinese family name
3.	女士	nǚshì	Miss (Ms.)
4.	这	zhè/zhèi	this
5.	是	shì	to be
6.	格林	Gélín	Green
7.	先生	xiānsheng	Mister (Mr.)
8.	从 ... 来	cóng ... lái	come from ... *lit.* from ... come
9.	美国	Měiguó	America
10.	您	nín	you
11.	好	hǎo	good, well, OK
12.	很	hěn	very
13.	高兴	gāoxìng	glad
14.	认识	rènshi	to know, to recognize
15.	叫	jiào	call
16.	我	wǒ	I/me
17.	老丁	Lǎo Dīng	Old Ding
18.	吧	ba	particle, indicates suggestive mode.
19.	公司	gōngsī	company
20.	的	de	= 's (possessive particle)
21.	新	xīn	new
22.	经理	jīnglǐ	manager
23.	名片	míngpiàn	business card
24.	多谢	duō xiè	thanks a lot *lit.* a lot thanks

Grammar

1. 从... 来   cóng ... lái

Come ... from   *lit.* from ... come. This is a fixed structure. Note the different order of the phrase in Chinese and in English:

从	美国	来
cóng	Měiguó	lái
from	America	come

Here are more examples:

1. 从   法国   来
   cóng Fǎguó   lái
   come from France
2. 从   爱尔兰   来
   cóng Àiěrlán   lái
   come from Ireland
3. 从   英国   来
   cóng Yīngguó   lái
   come from U. K.

2. 您 好   Nín hǎo

How do you do?   *lit.* you well. *You* in English can be translated as both 您 nín and 你 nǐ. Nín is a polite form of nǐ. You may say either "<u>nín</u> hǎo" or "<u>nǐ</u> hǎo" Note that the verb "are" is not used in Chinese, i.e. you can ***not*** say: Nín shì (are) hǎo, or Nǐ shì (are) hǎo.

3. 这 是 格林 先生   Zhè shì Gélín xiānsheng

This is Mr. Green.   Note the order for Mr. Green in Chinese is different from the one in English:

格林　　先生
Gélín　　xiānsheng
Green　　Mr.

---

4. 我 是 公司 的 新 经理。　　Wǒ shì gōngsī de xīn jīnglǐ.

I am the company's new manager. The basic sentence order for this sentence is similar with the one in English. Note the question sentence is formed, if add a question mark 吗 ma at the end of the sentence, i.e. Nǐ (you) shì gōngsī de xīn jīnglǐ <u>ma</u>? Here are more examples:

1. question:

你 是 经理 吗 ?
Nǐ shì jīnglǐ ma?　　　　　　Are you a manager?

positive answer:

我 是 经理。
Wǒ shì jīnglǐ.　　　　　　　I am a manager.

negative answer:

我 不 是 经理。
Wǒ bú shì jīnglǐ.　　　　　　I am not a manager.

2. question:

你 是 格林 先生　吗 ?
Nǐ shì Gélín xiānsheng ma?　Are you Mr. Green?

positive answer:

我 是。
Wǒ shì.　　　　　　　　　I am.

negative answer:

我 不 是。
Wǒ bú shì　　　　　　　　I am not.

3. question:

你 从 美国 来 吗 ?
Nǐ cóng Měiguó lái ma?　　Are you coming from America?

positive answer:

我 从 美国 来。
Wǒ cóng Měiguó lái.　　　I am from America.

Negative answer:

不，我 从 英国 来。
Bù, wǒ cóng Yīngguó lái.　No, I am from U.K.

5. 是　shì

To be.　There are no changes for the Chinese verb to be in any circumstances in term of tense (is, was etc.), gender (I, you, he, she etc.), singular or plural (I, we etc.):

1. 我　是	你　是	他 (她 ，它) 是	
wǒ　shì	nǐ　shì	tā　　　shì	
I　am (was)	you　are (were)	he (she, it)　is (was)	
2. 我们　是	你们　是	他们　是	
wǒmen shì	nǐmen　shì	tāmen shì	
we　are (were)	you　are (were)	they　are (were)	

6. 我　wǒ

I/me.　In Chinese, 我 wǒ, as a subject, or as an object, does not change its form. For example:

1. 我	是	经理 。	
wǒ	shì	jīnglǐ.	*I* am a manager.
I (subject)	am	manager.	
2. 经理	是	我 。	
Jīnglǐ	shì	wǒ.	The manager is *me*.
manager	is	me (object)	

们 <u>men</u> is the mark of plural. For example:

我们
wǒ<u>men</u>
we/us

你们
nǐ<u>men</u>
you/you

他们
tā<u>men</u>
they/them (for a group of males, or, a group of mixture males and females)

她们

tā<u>men</u> (for a group of females only)

they/them

它们

tā<u>men</u> (for a group of animals or matter)

they/them

Note that there is no plural form for 您 nín (a polite form of 你 nǐ) i.e., you can *not* say nínmen.

---

7. 的　de

= **'s (in this case).**   For example:

1. 我的　　　　　老板

wǒde　　　　　lǎobǎn

my　　　　　　boss

2. 我们的　　　老板

wǒmende　　　lǎobǎn

our　　　　　　boss

Notes

---

1. 您 好　nín hǎo

How do you do?   您 <u>nín</u> (you) is a polite form of 你 <u>nǐ</u> (you). 您 <u>Nín</u> is used, when you meet someone who is your superior or older than you. However, the Chinese people do not always greet each other by using this phrase, instead, they would use less formal expressions, such as Have you eaten? Have you been shopping? etc.

2. 很 高兴 认识 您   hěn gāoxìng rènshi nín

Very glad to meet you.   Word *I* in this sentence has been dropped. In Chinese, if the meaning of a sentence is clear in the context, the person (in this sentence) is often omitted.

3. 叫 我 老 丁 吧   jiào wǒ Lǎo Dīng ba

Call me Old Ding.   This a friendly gesture to introduce oneself to a stranger. You may call a middle aged person *Old* + surname, and a young aged *Young* + surname: Old Ding, or Young Ding. 吧 ba, a particle, indicates a suggestion, advice etc.

Key sentence construction

1.
			xiānsheng	Mr.
			先生	
		Gélín	xiānsheng	Green Mr.
		格林	先生	
	shì	Gélín	xiānsheng	is Green Mr.
	是	格林	先生	
zhè shì		Gélín	xiānsheng	this is Green Mr.
这 是		格林	先生	

2.
		lái	come
		来	
cóng ...		lái	from ... come
从		来	
cóng	Měiguó	lái	from America come
从	美国	来	

3.
	nín	you
	您	
rénshi	nín	know you
认识	您	
hěn gāoxìng	rénshi nín	very glad know you
很 高兴	认识 您	

4.   jīnglǐ   manager
                                            经理

                                    xīn jīnglǐ   new manager
                                    新   经理

                        gōngsī de xīn jīnglǐ   company's new manager
                        公司   的   新   经理

                shì gōngsī de xīn jīnglǐ   am company's new manager
                是   公司   的   新   经理

        wǒ shì gōngsī de xīn jīnglǐ   I am company's new manager
        我 是   公司   的   新   经理

5.   míngpiàn   name-card
                                            名片

                                wǒde míngpiàn   my name-card
                                我的   名片

                    shì wǒde míngpiàn   is my name-card
                    是   我的   名片

        zhè shì wǒde míngpiàn   this is my name-card
        这 是   我的   名片

Exercise

**1. Read the following phrases and sentences, and pay attention to
sounds *x, sh, r, j, zh, c* and *e*:**

1. 先生
    xiānsheng
    Mr.

2. 女士
    nǚshì
    Ms.

3. 王   先生   是   经理 。
    Wáng   xiānsheng shì   jīnglǐ.
    Wang   Mr.   is   manager
    Mr. Wang is a manager.

4. 丁　　　女士　　　也　　　是　　　　经理。
    Dīng　　nǚshì　　yě　　　shì　　　jīnglǐ.
    Ding　　Ms.　　　also　　is　　　　manager
    Ms. Ding is also a manager.

5. 叫　　　我　　　老丁　　　吧。
    Jiào　　wǒ　　LǎoDīng　　ba.
    call　　me　　Lao Ding
    Call me Old Ding.

6. 叫　　　我　　　大卫　　　吧。
    Jiào　　wǒ　　Dàwèi　　ba.
    call　　me　　David
    Call me David.

7. 叫　　　我　　　小王　　　吧。
    Jiào　　wǒ　　XiǎoWáng　　ba.
    call　　me　　Young Wang
    Call me Young Wang.

8. 这　　　是　　　名片。
    Zhè　　shì　　míngpiàn.
    this　　is　　business card
    This is a business card.

9. 这　　　是　　　我的　　　名片。
    Zhè　　shì　　wǒde　　míngpiàn.
    this　　is　　my　　business card
    This is my business card.

10. 这　　　是　　　格林　　　先生　　　的　　　名片。
    Zhè　　shì　　Gélín　　xiānsheng　　de　　míngpiàn.
    this　　is　　Green　　Mr.　　　's　　business card
    This is Mr. Green's business card.

11. 他　　　从　　　美国　　　来。
    Tā　　cóng　　Měiguó　　lái.
    he　　from　　America　　come
    He comes from America.

12. 他　　从　　　爱尔兰 来。
    Tā　cóng　　Àiěrlán　lái.
    he　from　　Ireland　come
    He comes from Ireland.

13. 他　　从　　　英国　来。
    Tā　cóng　　Yīngguó　lái.
    he　from　　English　come
    He comes from U.K.

14. 他　　从　　　德国　来。
    Tā　cóng　　Déguó　lái.
    he　from　　Germany come
    He comes from Germany.

15. 他　　从　　　法国　来。
    Tā　cóng　　Fǎguó　lái.
    he　from　　France　come
    He comes from France.

16. 他　　从　　　日本　来。
    Tā　cóng　　Rìběn　lái.
    he　from　　Japan　come
    He comes from Japan.

17. 他　　从　　　加拿大 来。
    Tā　cóng　　Jiānádà　lái.
    he　from　　Canada　come
    He comes from Canada.

18. 他　　从　　　西班牙 来。
    Tā　cóng　　Xibānyá　lái.
    He　from　　Spain　come
    He comes from Spain.

2. **Practice the following sentence pattern by using the substitute words given below:**

1. 我　姓　_____。
   Wǒ xìng _____.

      a. 史密斯   Shǐmìsī (Smith)

      b. 王   Wáng

      c. 丁   Dīng

  2. 我 叫 _____ 。
    Wǒ jiào _____.

      a. 迈克   Màikè (Michael)

      b. 大卫   Dàwèi (David)

      c. 彼得   Bǐdé (Peter)

  3. 我 是 _____ 。
    Wǒ shì _____.

      a. 网络 经理   wǎngluò jīnglǐ

      b. 销售 经理   xiāoshòu jīnglǐ

      c. 总 经理   zǒng jīnglǐ

3. Translate the following phrases and sentences:

  1. 我 姓 丁 ，我 叫 丁林 。   Wǒ xìng Dīng. Wǒ jiào Dīnglín.

  2. 我 姓 格林 ，叫 我 大卫 吧 。   Wǒ xìng Gélín, jiào wǒ Dàwèi ba.

  3. 我 是 总 经理 。   Wǒ shì zǒng jīnglǐ.

  4. 这 是 我的 名片 。   Zhè shì wǒde míngpiàn.

4. Dialogue:

  1. A: 您 是 丁 女士 吗 ？
     B: 我 是 。
     A: 您 是 新 经理 吗 ？
     B: 我 不 是 。他 是 。
     A: 对不起 。
     B: 没关系 。

     A: Nín shì Dīng nǚshì ma?
     B: Wǒ shì.
     A: Nín shì xīn jīnglǐ ma?

B:　Wǒ bú shì, tā shì.

A:　Duìbuqǐ.

B:　Méiguānxi.

2. A:　你 从 英国 来 吗？

B:　不， 我 从 美国 来。

A:　很 高兴 认识 您。

B:　我 也 很 高兴 认识 您。

A:　Nǐ cóng Yīngguó lái ma?

B:　Bù, wǒ cóng Měiguó lái.

A:　Hěn gāoxìng rènshi nín.

B:　Wǒ yě hěn gāoxìng rènshi nín.

3. A:　这 是 你 的 名片 吗？

B:　这 不 是 我 的 名片。 那 是 我 的 名片。

A:　很 高兴 认识 您。

B:　我 也 很 高兴 认识 您。

A:　Zhè shì nǐ de míngpiàn ma?

B:　Zhè bú shì wǒ de míngpiàn. Nà shì wǒ de míngpiàn.

A:　Hěn gāoxìng rènshi nín.

B:　Wǒ yě hěn gāoxìng rènshi nín.

5. Suppose you are Mr. Green, answer the following questions:

1. 您 是 格林 先生 吗？　　　Nín shì Gélín xiānsheng ma?

2. 您 叫 什么 名字？　　　　Nín jiào shénme míngzi?

3. 您 是 新 经理 吗？　　　　Nín shì xīn jīnglǐ ma?

4. 您 从 美国 来 吗？　　　　Nín cóng Měiguó lái ma?

New words for exercises

1.	也	yě	also
2.	叫	jiào	call *lit.* (is) called
3.	小	xiǎo	small, young
4.	美国	Měiguó	America
5.	爱尔兰	Àiěrlán	Ireland
6.	英国	Yīngguó	U.K.
7.	德国	Déguó	Germany
8.	法国	Fǎguó	France
9.	日本	Rìběn	Japan
10.	加拿大	Jiānádà	Canada
11.	西班牙	Xībānyá	Spain
12.	姓	xìng	family name is, surname
13.	网络	wǎngluò	net
14.	销售	xiāoshòu	sale
15.	总经理	zǒng jīnglǐ	general manager
16.	吗	ma	a question mark
17.	对不起	duìbuqǐ	sorry
18.	没关系	méiguānxi	It does not matter
19.	不	bù	no, not
20.	那	nà/nèi	that
21.	什么	shénme	what
22.	名字	míngzi	name

My Business Card

Mr. Green hopes to keep in touch with Ms. Ding, but he can't read the Chinese.

格林：我 不 懂， 这 是…?
丁　：啊，背面儿 有 英文。 这 是 我 的 地址 和 电话
　　　号码儿。 这 是 我家 的 电话。 还有， 这 是 我 的
　　　伊妹儿。
格林：用 中文 怎么 说 ？
丁　：伊妹儿 。
格林：有意思 好， 希望 保持 联系 。
丁　：好， 下次 见 ！

Gélín : Wǒ bù dǒng, zhè shì ... ?

Dīng : À, bèimiàn-r yǒu Yīngwén. Zhè shì wǒ de dìzhǐ hé diànhuà hàomǎ-r. Zhè shì wǒ jiā de diànhuà. Háiyǒu, zhè shì wǒ de yīmèi-r.

Gélín : Yòng Zhōngwén zěnme shuō?

Dīng : Yīmèi-r.

Gélín : Yǒuyìsi. Hǎo, xīwàng bǎochí liánxi.

Dīng : Hǎo, xiàcì jiàn.

Green : I do not understand, this is ... ?

Ding : Oh, there is English on the other side. This is my address and telephone number. Here is my home number, and this is my E-mail.

Green : How would I say it (email) in Chinese?

Ding : *Yimei-r.*

Green : Interesting! OK, (let's) keep in touch with each other.

Ding : Sure, see you later!

New words

1.	懂	dǒng	understand
2.	啊	ā	function word
3.	背面儿	bèimiàn-r	the other side
4.	有	yǒu	to have
5.	英文	Yīngwén	English
6.	地址	dìzhǐ	address
7.	和	hé	and
8.	电话	diànhuà	telephone
9.	号码儿	hàomǎ-r	number
10.	家	jiā	home, family
11.	还	hái	besides
12.	伊妹儿	yīmèi-r	e-mail
13.	用	yòng	to use
14.	中文	Zhōngwén	Chinese language
15.	怎么	zěnme	how
16.	说	shuō	to say
17.	有意思	yǒuyìsi	interesting
18.	希望	xīwàng	hope, wish
19.	保持	bǎochí	keep
20.	联系	liánxi	contact
21.	下次见	xiàcì jiàn	See you next time

Grammar

---

1. 用 中文 说   yòng Zhōngwén shuō.

Say in Chinese.   Please notice the different order of the sentence in Chinese and in English. This structure is the same with 从美国来 **cóng Měiguó lái** (see Grammar in Lesson 1). The structure *in ... language* (preparation structure) is always preceded the verb to say. For example:

1. 用 中 文 说	yòng	Zhōngwén	shuō.	Say (it) in Chinese.
	in (*lit.* use)	Chinese	say	
2. 用 法文 说	yòng	Fǎwén	shuō.	Say (it) in French.
	in	French	say	
3. 用 英文 说	yòng	Yīngwén	shuō.	Say (it) in English.
	in	English	say	
4. 用 日文 说	yòng	Rìwén	shuō.	Say (it) in Japanese.
	in	Japanesse	say	

Try to memorize this useful formula:

Preposition + noun + verb   (Chinese)

Verb + Preparation + noun   (English)

---

2. 有   yǒu

To have.   有 **yǒu** suggests both possessive and existence. 有 **you** is a special word, remember its negative form is 没有 **méiyǒu**, rather than bùyǒu, while the negative form of most of verbs could be 不 **bù** + the verb and/or 没 **méi** + the verb (We shall mention the difference between these two negative words 不 **bù** and 没 **méi** elsewhere).

Positive form of 有 yǒu:

Ex.	我 有	wǒ yǒu	I have	(possessive)
	你 有	nǐ yǒu	you have	(possessive)
	他 有	tā yǒu	he has	(possessive)
	她 有	tā yǒu	she has	(possessive)
	它 有	tā yǒu	it has	(possessive)

桌儿 上　　有　　电脑。

Zhuō-r shang　yǒu　diànnǎo.　　　　　　　(existence)

lit.: Table　on　　there is　computer

There is a computer on the table.

背面儿　有　　英文。

Bèimiàn-r　yǒu　Yīngwén.　　　　　　　(existence)

lit.: Back　　there is　English.

There is English on the back (the other side).

Negative form of 有 yǒu:

Ex.	我 没有	wǒ méiyǒu	I do not have	(possessive)
	你 没有	nǐ méiyǒu	you do not have	(possessive)
	他 没有	tā méiyǒu	he does not have	(possessive)
	她 没有	tā méiyǒu	she does not have	(possessive)
	它 没有	tā méiyǒu	it does not have	(possessive)

桌儿　上　　没有　　电脑。

Zhuō-r　shang　méiyǒu　diànnǎo.　　　　　(existence)

lit.: Table　on　　no there is　computer.

There is no computer on the table.

背面儿 没有　　英文。

Bèimiàn-r méiyǒu　Yīngwén.　　　　　　(existence)

lit.: Back　　no there is　English.

There is no English on the back (the other side).

Notes

1. 伊妹儿 yīmèi-r

E-mail. *lit.* that sister. This is Chinese humor. The formal form of this word is 电子 邮件 diànzǐ yóu jiàn. *lit.* electronic mail.

2. 中文 Zhōngwén

Chinese *lit.* Chinese language. 汉语 Hànyǔ is an alternative word for Chinese language. The difference between the two words is that the word 中文 Zhōngwén is used, when the Chinese language is compared to other foreign languages such as English etc., and the word 汉语 Hànyǔ is used when contrasting Mandarin to the other minority languages spoken in China. The other difference is that 中文 Zhōngwén is including both spoken and written languages, however, 汉语 Hànyǔ is emphasis on the spoken language.

Key sentence construction

1.		Yīngwén 英文	English
	yǒu 有	Yīngwén 英文	has English
bèimiàn-r 背面	yǒu 有	Yīngwén 英文	other side has English
2.		yīmèi-r	
	wǒde 我的	yīmèi-r 伊妹儿	my e-mail
zhè shì 这 是	wǒde 我的	yīmèi-r 伊妹儿	this is my e-mail
3.		shuō 说	say

		zěnme 怎么	shuō 说	how say
yòng ... 用		zěnme 怎么	shuō 说	Chinese how say
yòng 用	Zhōngwén 中文	zénme 怎么	shuō 说	in Chinese how say
4.			liánxi 联系	contact
		bǎochí 保持	liánxi 联系	keep contact
	xīwàng 希望	bǎochí 保持	liánxi 联系	hope keep contact

Exercise

1. Read the following phrases and sentences, and pay attention to sounds: *zh, sh, z, r, x,* :

1. 背面儿 　　　有 　　　英文。
   Bèimiàn-r 　　yǒu 　　Yīngwén.
   opposite side 　has 　　English language
   There is English on the other side.

   正面儿 　　　有 　　　中文。
   Zhèngmiàn-r 　yǒu 　　Zhōngwén.
   this side 　　has 　　Chinese language
   There is Chinese on this side.

   这面儿 　　　是 　　　法文。
   Zhèimiàn-r 　shì 　　Fǎwén.
   this side 　　has 　　French
   This side is French.

   那面儿 　　　是 　　　德文。
   Nèimiàn-r 　shì 　　Déwén.
   that side 　　is 　　German
   That side is German.

2. 这   是   我的   伊妹儿。
   Zhè   shì   wǒde   yīmèi-r.
   this   is   my   e-mail
   This is my e-mail.

   这   是   我的   电子   邮件   地址。
   Zhè   shì   wǒde   diànzǐ   yóu jiàn   dìzhǐ.
   this   is   my   electronic   mail   address
   This is my e-mail address.

   这   不   是   我的   伊妹儿。
   Zhè   bú   shì   wǒde   yīmèi-r.
   this   not   is   my   e-mail
   This is not my e-mail.

   这   不   是   我的   电子   邮件   地址。
   Zhè   bú   shì   wǒde   diànzǐ   yóu jiàn   dìzhǐ.
   this   not   is   my   electronic   mail   address
   This is not my e-mail address.

3. 用   中文   怎么   说？
   Yòng   Zhōngwén   zěnme   shuō?
   use   Chinese   how   say
   How to say it in Chinese?

   用   英文   怎么   说？
   Yòng   Yīngwén   zěnme   shuō?
   use   English   how   say
   How to say it in English?

   用   法文   怎么   说？
   Yòng   Fǎwén   zěnmen   shuō?
   use   French   how   say
   How to say it in French?

   用   德文   怎么   说？
   Yòng   Déwén   zěnmen   shuō?
   use   German   how   say
   How to say it in German?

用   西班牙文   怎么   说 ？
Yòng   Xibānyáwén   zěnmen   shuō?
use   Spanish   how   say
How to say it in Spanish?

用   日文   怎么   说 ？
Yòng   Rìwén   zěnme   shuō?
use   Japanese   how   say
How to say it in Japanese?

4. 很   有意思。
   Hěn   yǒuyìsi.
   very   interesting
   Very interesting.

   希望   保持   联系。
   Xīwàng bǎochí   liánxi.
   hope   maintain   contact
   Hope keep in touch.

   希望   下   次   见。
   Xīwàng xià cì   jiàn.
   hope   next time   see.
   Hope see you next time

2. Practice the following sentence pattern by using the substitute words given below:

1. 这   是   我的 _____ 。
   Zhè shì wǒde _____ .
   a. 电子 邮件 地址 diànzǐ yóujiàn dìzhǐ
   b. 电话 号码儿   diànhuà hàomǎ-r
   c. 电脑   diànnǎo
   d. 伊妹儿   yīmèi-r.

2. 这 不   是   我的 _____ 。
   Zhè bú   shì wǒde _____ .
   a. 电脑   diànnǎo

b. 手机   shǒujī

c. 手表   shǒubiǎo

3. 用   中文   怎么 _____ 。

   Yòng Zhōngwén zěnme _____.

   a. 说   shuō

   b. 写   xiě

   c. 读   dú

   d. 念   niàn

3. Translate the following phrases and sentences:

1. 有   英文
   yǒu   Yīngwén

2. 那面儿 有   中文。
   Nèimiàn-r yǒu   Zhōngwén.

3. 这 是   我家的   伊妹儿   地址，不 是   办公室   的。
   Zhè shì   wǒjiā de   yīmèi-r   dìzhǐ,   bú shì   bàngōngshì de.

4. 中文   很   有意思。
   Zhōngwén hěn   yǒuyìsi.

5. 希望   你   用   中文   说。
   Xīwàng nǐ   yòng Zhōngwén shuō.

6. 希望   我们   再   见面。
   Xīwàng wǒmen   zài   jiànmiàn.

4. Dialogue:

1. A: 这是你的名片吗？
   B: 是啊。
   A: 这是你的姓吗？
   B: 不是。这是我的名字。

   A: Zhè shì nǐde míngpiàn ma?
   B: Shì a.
   A: Zhè shì nǐde xìng ma?
   B: Bú shì. Zhè shì wǒde míngzi.

2. A: 这 是 我 的 名片。 这 是 我 的 电话 号码儿。 这 是 我 的 伊妹儿。

   B: 非常 感谢。 这 是 我 的 名片 (pass on the business card)， 背面 有 英文。

   A: 希望 保持 联系。

   B: 一定 保持 联系。

   A: Zhè shì wǒde míngpiàn. Zhè shì wǒde diànhuà hàomǎ-r. Zhè shì wǒde yīmèi-r.

   B: Fēicháng gǎnxiè. Zhè shì wǒde míngpiàn (pass on the business card), bèi miàn-r yǒu Yīngwén.

   A: Xīwàng bǎochí liánxi.

   B: Yídìng bǎochí liánxi.

New words for exercises

1.	电子 邮件	diànzǐ yóu jiàn	electronic mail
2.	法文	Fǎwén	French
3.	德文	Déwén	German
4.	西班牙文	Xībānyáwén	Spanish
5.	日文	Rìwén	Japanese
6.	电脑	diànnǎo	computer
7.	手机	shǒu jī	mobile
8.	手表	shǒubiǎo	watch
9.	写	xiě	write
10.	读	dú	read loudly
11.	念	niàn	read
12.	那	nà/nèi	that
13.	办公室	bàngōngshì	office
14.	再见	zài jiàn	good-bye
15.	姓	xìng	surname

16. 名字   míngzi   name

17. 一定   yídìng   certainly, of course

北京IT公司

丁　林
经　理

地址：北京海淀区中关村100号　　传真：(0086) 10 34567899

电话：(0086) 10 34567899　　电子邮件地址：dinglin@bi.yahoo.cn

Beijing IT Company

Ding Lin
Manager

Address: 100 Zhongguancun   Fax: (0086) 10 34567899
Haidian District, Beijing

Telephone: (0086) 10 34567899   Email: dinglin@bi.yahoo.cn

Time of a Day

Mr. Green is going to a meeting at two O'clock.

格林： 今天 下午，我 有 个 会。

王 ： 是 什么 时候？

格林： 两 点(钟)。

王 ： 在 哪儿？

格林： 在 ABC 饭店。

王 ： 你 得 早 点儿 走。 路 上 大约 要 一 个 小时。

Gélín ： Jīntiān xiàwǔ, wǒ yǒu ge huì.

Wáng ： Shì shénme shíhou?

Gélín ： Liǎng diǎn(zhōng).

Wáng ： Zài nǎ-r?

Gélín ： Zài ABC fàndiàn.

Wáng ： Nǐ děi zǎo diǎn-r zǒu. Lù shang dàyuē yào yí ge xiǎoshí.

Green : This afternoon, I'll have a meeting.

Wang : What time?

Green : It's at two O'clock.

Wang : Where?

Green : It's at ABC Hotel.

Wang : You must leave early. It'll take you about one hour to reach there.

New words

1. 今天	jīntiān	today
2. 下午	xiàwǔ	afternoon
3. 有	yǒu	to have, there is
4. 个	gè	a measure word (classifier)
5. 会	huì	meeting
6. 什么	shénme	what
7. 时候	shíhou	time
8. 两点(钟)	liǎngdiǎn (zhōng)	two O'clock
9. 在	zài	is at
10. 哪儿	nǎ-r	where
11. 饭店	fàndiàn	hotel, restaurant
12. 得	děi	must
13. 早	zǎo	early
14. (一)点儿	(yì)diǎn-r	a little
15. 走	zǒu	walk
16. 路上	lùshang	on the way
17. 大约	dàyuē	approximately
18. 要	yào	need
19. 一	yī	one
20. 小时	xiǎoshí	hour

Grammar

1. 个 gè

A measure word. In Chinese a measure word is always needed, when a noun is modified by a number, or a demonstrative word, such as this and that. For example:

1.	一	个	下午	2.	两	个	会
	yí	<u>ge</u>	xiàwǔ		liǎng	<u>ge</u>	huì
	one		afternoon		two		meetings
3.	三	个	饭店	4.	四	个	公司
	sān	<u>ge</u>	fàndiàn		sì	<u>ge</u>	gōngsī
	three		hotels		four		companies
5.	这	个	下午	6.	那	个	电脑
	zhè/zhèi	<u>ge</u>	xiàwǔ		Nà/nèi	<u>ge</u>	diànnǎo
	this		afternoon		that		computer

个 gè is a popular measure word, as it can be associated with many nouns. Sometimes one noun can has different measure word, for example:

1.	一	个/位	先生	2.	一	个/座	饭店
	yí	<u>ge/wèi</u>	xiānsheng		yí	<u>ge/zuò</u>	fàndiàn
	a gentleman				a hotel		
3.	一	辆/部	车	4.	一	幅/张	画儿
	yí	<u>liàng/bù</u>	chē		yì	<u>fú/zhāng</u>	huà-r
	a car				a painting		

The measure word we mentioned above is used to classify individual matters. So that some grammar books call it classifier. Another type of measure word is slightly different which are containers, such as cup, bowl, bottle etc. One may say one cup of tea, one bowl of rice, a bottle of wine etc. The latter is quite close to the expressions in English.

Verb can also be associated with measure word. We shall talk about it in later chapters.

2. 今天　jīntiān

Today. The position for a time word is either at the beginning of a sentence, or after a subject i.e. a topic of the sentence. For example:

	今天	下午	我	去	开会 。
	Jīntiān	xiàwǔ	wǒ	qù	kāihuì.
lit.	*Today*	*afternoon*	I	go	have meeting.

I am going to have a meeting this afternoon.

	我	今天	下午	去	开会 。
	Wǒ	jīntiān	xiàwǔ	qù	kāihuì.
lit.	I	*today*	*afternoon*	go	have meeting.

I am going to have a meeting this afternoon.

The basic expressions of time:

Pattern 1:	...	diǎn	guò	...	fēn
Ex.	一	点	过	十	分 。
	Yì	diǎn	guò	shí	fēn.
lit.	one	o'clock	pass	ten	minutes

(It's) ten minutes pass one.

Pattern 2:	chà	...	fēn	...	diǎn
Ex.	差	六	分	三	点 。
	Chà	liù	fēn	sān	diǎn.
lit.	less	six	minutes	three	o'clock

(It's) six minutes to three.

chà - short

Notes

1. 有 个 会   yǒu ge huì

Have a meeting.   You also can say 有 一 个 会 yǒu yí (one) ge huì.
Here 一 yī has been omitted.

2. 点钟 & 小时   diǎnzhōng & xiǎoshí

O'clock & hour.   点钟 diǎnzhōng can be considered as a measure
word, therefore it does not need a measure word, 小时 xiǎoshí is a
noun, therefore, another measure word is needed if express number of
hours. For example:

1.	三	点钟	2.	六	点钟
	sān	diǎnzhōng		liù	diǎnzhōng
	three	o'clock		six	o'clock
3.	七 个	小时	4.	八 个	小时
	qī ge	xiǎoshí		bā ge	xiǎoshí
	seven	hours		eight	hours

3. 早 点儿   zǎo diǎn-r

A little early.   *lit.* early a little. You can also say 早 一点儿 zǎo yìdiǎn-r.
Again, this 一 yī has been omitted.

4. 二 & 两   èr & liǎng

Two.   Both 两 liǎng and 二 èr mean two. However, which one of
them is used depending on its environment.

二 èr can be used in/with

1. end unit of multiple number

    a). 102   b). 332
        yì bǎi líng <u>èr</u>   sān bǎi sān shí <u>èr</u>

2. before ten and hundred

    a). 20   b). 200 (in most of cases. Some times 两 liǎng
                                         is also used.)
        <u>èr</u> shí   <u>èr</u> bǎi

3. ordinal number, decimal, and fraction

    a). 第 二 (second)   b). 三 点 二 (3.2)
        dì <u>èr</u>   sān diǎn-r <u>èr</u>

    c). 二 分 之 一 (1/2)
        <u>èr</u> fēn zhī yī

两 liǎng can be used in/with

1. thousand and ten thousand

    a). 两 千   b). 两 万
        <u>liǎng</u> qiān   <u>liǎng</u> wàn
        two thousand   twenty thousand (*lit.* two ten thousand)

2. common nouns such as 人、手 etc.

    a). 两 个 人   b). 两 只 手
        <u>liǎng</u> ge rén   <u>liǎng</u> zhī shǒu
        two persons   two hands

3. 半 bàn half

    a). 两 半 儿
        <u>liǎng</u> bàn-r

4. a pair in relation

    a). 两 兄弟   b). 两 姐妹
        <u>liǎng</u> xiōngdì   <u>liǎng</u> jiěmèi
        two brothers   two sisters

Both 两 liǎng and 二 èr can be used in/with

1. Chinese weights and measures

  a). 二 斤 (= 1 kg)   两 斤
    <u>èr</u> jīn   <u>liǎng</u> jīn

  b). 二 尺 (two feet)   两 尺
    <u>èr</u> chǐ   <u>liǎng</u> chǐ

2. unit of Chinese currency

  a). 二 圆   两 圆
    <u>èr</u> yuán   <u>liǎng</u> yuán

---

5. Tone changes for 一 yī

One. 一 yī changes its tone depending on the tone of the following character. The general rule is that it changes into fourth tone yì, when the following character is first, second, and third tone:

1. 一千   yì qi<u>ā</u>n   one thousand
2. 一条   yì ti<u>á</u>o   one (river etc.)
3. 一起   yì q<u>ǐ</u>   together

It changes into second tone yí when the tone of the following character is fourth tone:

  一个   yí g<u>è</u>   one (person etc.)

Key sentence construction

1.

| | | | | huì | meeting |
| | | | | 会 | |

| | | (yí) | ge | huì | (one) meeting |
| | | (一) | 个 | 会 | |

| | | yǒu | ge | huì | have (one) meeting |
| | | 有 | 个 | 会 | |

| | wǒ | yǒu | ge | huì | I have (one) meeting |
| | 我 | 有 | 个 | 会 | |

| xiàwǔ | wǒ | yǒu | ge | huì | afternoon I have (one) meeting |
| 下午 | 我 | 有 | 个 | 会 | |

| jīntiān xiàwǔ | wǒ | yǒu | ge | huì | today afternoon I have (one) meeting |
| 今天 下午 | 我 | 有 | 个 | 会 | |

2.

| | | shíhou | time |
| | | 时候 | |

| | shénme | shíhou | what time |
| | 什么 | 时候 | |

| shì | shénme | shíhou | is what time |
| 是 | 什么 | 时候 | |

3.

			走	
	zǎo	diǎn-r	zǒu	early little leave
	早	点儿	走	

| děi | zǎo | diǎn-r | zǒu | must early little leave |
| 得 | 早 | 点儿 | 走 | |

| nǐ | děi | zǎo | diǎn-r | zǒu | you must early little leave |
| 你 | 得 | 早 | 点儿 | 走 | |

4.

| | | | xiǎoshí | hour |
| | | | 小时 | |

| | yí | ge | xiǎoshí | one hour |
| | 一 | 个 | 小时 | |

| yào | yí | ge | xiǎoshí | need one hour |
| 要 | 一 | 个 | 小时 | |

| dàyuē | yào | yí | ge | xiǎoshí | approximately need one hour |
| 大约 | 要 | 一 | 个 | 小时 | |

lù shang dàyuē   yào   yí ge   xiǎoshí   road on approximately need one hour
路上 大约 要   一个 小时

Exercise

1. Read the following phrases and numbers, pay attention to sounds
***sh, x, j,* :**

1. 上午   shàngwǔ   morning
    下午   xiàwǔ   afternoon
    晚上   wǎnshang   evening

2. 今天 上午   jīntiān shàngwǔ   this morning   *lit.* today morning
    今天 下午   jīntiān xiàwǔ   this afternoon   *lit.* today afternoon
    今天 晚上   jīntiān wǎnshang   this evening   *lit.* today evening

3. 上午 九点   shàngwǔ jiǔdiǎn   nine o'clock in the morning
    上午 十点   shàngwǔ shídiǎn   ten o'clock in the morning
    上午 十一点 shàngwǔ shíyīdiǎn   eleven o'clock in the morning

4. 一 个 小时   yí ge xiǎoshí   one hour
    两 个 小时   liǎng ge xiǎoshí   two hours
    三 个 小时   sān ge xiǎoshí   three hours

5. 一 个 上午   yí ge shàngwǔ   one morning
    一 个 下午   yí ge xiàwǔ   one afternoon
    一 个 晚上   yí ge wǎnshang   one evening

6. | 0 | 1 | 2 | 3 | 4 | 5 | 6 | 7 | 8 | 9 |
    |---|---|---|---|---|---|---|---|---|---|
    | líng | yī | èr | sān | sì | wǔ | liù | qī | bā | jiǔ |
    | 10 | 11 | 12 | 13 | 14 | 15 | 16 | 17 | 18 | 19 |
    | shí | shíyī | shíèr | shísān shísì | | shíwǔ | shíliù | shíqī | shíbā | shí jiǔ |

7. | 20 | 30 | 40 | 50 | 60 | 70 | 80 | 90 |
    |---|---|---|---|---|---|---|---|
    | èrshí | sānshí | sìshí | wǔshí | liùshí | qīshí | bāshí | jiǔshí |

100	200	300	400	500	600	700	800	900
yībǎi	èrbǎi	sānbǎi	sìbǎi	wǔbǎi	liùbǎi	qībǎi	bābǎi	jiǔbǎi

1,000	2,000	3,000	4,000	5,000	6,000	7,000	8,000
yìqiān	liǎngqiān	sānqiān	sìqiān	wǔqiān	liùqiān	qīqiān	bāqiān

9,000   10,000
jiǔqiān yíwàn

2. Look at the pictures and fill in the blank for each sentence:

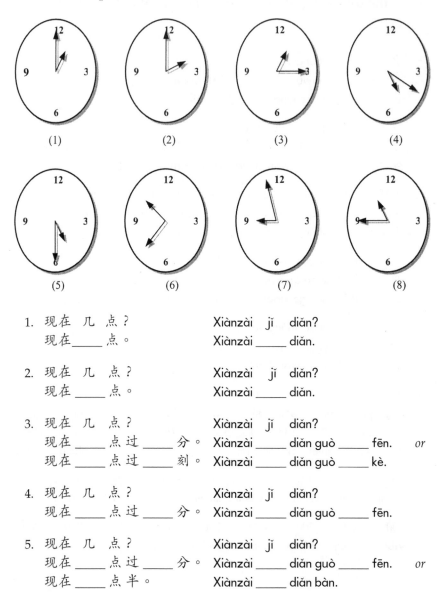

1. 现在 几 点 ？   Xiànzài jǐ diǎn?
   现在_____点。   Xiànzài _____ diǎn.

2. 现在 几 点 ？   Xiànzài jǐ diǎn?
   现在 _____点。   Xiànzài _____ diǎn.

3. 现在 几 点 ？   Xiànzài jǐ diǎn?
   现在 _____点 过 _____分。 Xiànzài _____ diǎn guò _____ fēn.   *or*
   现在 _____点 过 _____刻 。 Xiànzài _____ diǎn guò _____ kè.

4. 现在 几 点 ？   Xiànzài jǐ diǎn?
   现在 _____点 过 _____分。 Xiànzài _____ diǎn guò _____ fēn.

5. 现在 几 点 ？   Xiànzài jǐ diǎn?
   现在 _____点 过 _____分。 Xiànzài _____ diǎn guò _____ fēn.   *or*
   现在 _____点 半 。   Xiànzài _____ diǎn bàn.

6. 现在 几 点 ？　　　　　　Xiànzài jǐ diǎn?

　　现在 差 ＿＿分 ＿＿点 。　Xiànzài chà ＿＿ fēn ＿＿ diǎn.　　*or*

　　现在 ＿＿点 过＿＿分 。　Xiànzài ＿＿ diǎn guò ＿＿fēn.

7. 现在 几 点 ？　　　　　　Xiànzài jǐ diǎn?

　　现在 差 ＿＿ 分 ＿＿点 。　Xiànzài chà ＿＿ fēn ＿＿ diǎn.　　*or*

　　现在 ＿＿点 过 ＿＿分 。　Xiànzài ＿＿ diǎn guò ＿＿ fēn.

8. 现在 几 点 ？　　　　　　Xiànzài jǐ diǎn?

　　现在 差＿＿ 分＿＿点 。　Xiànzài chà ＿＿ fēn ＿＿ diǎn.　　*or*

　　现在 ＿＿点 过 ＿＿分 。　Xiànzài ＿＿ diǎn guò ＿＿ fēn.　　*or*

　　现在 差 ＿＿ 刻 ＿＿点 。　Xiànzài chà ＿＿ kè ＿＿ diǎn.　　*or*

　　现在 ＿＿点 过 ＿＿刻 。　Xiànzài ＿＿ diǎn guò ＿＿ kè.

3. Translate the following phrases and sentences:

1. 现在 一 点 (钟) 。　　　Xiànzài yì diǎn (zhōng).

2. 下午 我 有 个 会 。　　Xiàwǔ wǒ yǒu ge huì.

3. 三 点 (钟) 我 有 个 会 。　Sān diǎn (zhōng) wǒ yǒu ge huì.

4. 你 得 早 点儿 走 。　　Nǐ děi zǎo diǎn-r zǒu.

5. 路 上 要 两 个 小时 。　Lù shang yào liǎng ge xiǎoshí.

4. Dialogue:

1. A: 现在 几 点 ？

　B: 现在 一 点 。

　A: 下午 我 有 个 会 。

　B: 几 点 ？

　A: 三 点 。

　B: 在 哪儿 ？

　A: 在 一 个 饭店 。

　A: Xiànzài jǐ diǎn?

　B: Xiànzài yìdiǎn.

　A: Xiàwǔ wǒ yǒu ge huì.

　B: Jǐ diǎn?

　A: Sāndiǎn.

B: Zài nǎ-r?

A: Zài yí ge fàndiàn.

2. A: 你 几 点 走 ?

B: 我 两 点 走 。

A: 你 得 早 点 儿 走 。

A: 对 ， 路 上 要 一 个 小 时 。

A: Nǐ jǐ diǎn zǒu?

B: Wǒ liǎng diǎn zǒu.

A: Nǐ děi zǎo diǎn-r zǒu.

B: Duì, lù hàng yào yí ge xiǎoshí.

New words for exercises

1.	上午	shàngwǔ	morning
2.	晚上	wǎnshang	evening
3.	零	líng	zero
4.	一	yī	one
5.	二/两	èr/liǎng	two
6.	三	sān	three
7.	四	sì	four
8.	五	wǔ	five
9.	六	liù	six
10.	七	qī	seven
11.	八	bā	eight
12.	九	jiǔ	nine
13.	十	shí	ten
14.	百	bǎi	hundred
15.	千	qiān	thousand
16.	万	wàn	ten thousand

17.	现在	xiànzài	now
18.	几	jǐ	what (time)/ how much/ how many
19.	过	guò	pass
20.	分(钟)	fēn(zhōng)	minute
21.	差	chà	less
22.	刻	kè	a quarter
23.	半	bàn	half

Lesson 4

Day of a Week

Mr. Green has an appointment to interview a new employee next Friday.

格林：面试 是 哪 天 ？

秘书：噢， 好象 是 下 星期五。我 看看 日记。是 下 星期五。

格林：下 星期五 是 几 号儿 ？

秘书：是 13 号 。

格林：噢， 改到 下 星期四 吧， 提前 一 天 。

Gélín : Miànshì shì něi tiān?

Mìshu : Ào, hǎoxiàng shì xià xīngqīwǔ. Wǒ kànkan rìjì. Shì xià xīngqīwǔ.

Gélín : Xià xīngqīwǔ shì jǐ hào-r?

Mìshu : Shì shísān hào-r.

Gélín : Ào, gǎidào xià xīngqīsì ba, tíqián yì tiān.

yǐhòu yì tiān

Green : Which day will the interview take place?

Secretary : Oh, I think it will be on next Friday. Let me check the diary. Yes, it's next Friday.

Green : What date will next Friday be?

Secretary : It will be 13th.

Green : Oh, (I would like to) change it to next Thursday, one day earlier.

New words

1. 面试	miànshì	interview
2. 哪天	nǎ/něi tiān	which day
3. 噢	ào	function word
4. 好象	hǎoxiàng	as if
5. 下	xià	next
6. 星期五	xīngqīwǔ	Friday
7. 看看	kànkan	have a look
8. 日记	rìjì	diary
9. 号	hào	date
10. 改到	gǎidào	change to
11. 星期四	xīngqīsì	Thursday
12. 提前	tíqián	move up (a date)
13. 天	tiān	day

Grammar

1. 星期 xīngqī

Week.   A measure word 个 gè is needed, if you count number of weeks. For example:

a). 一 个 星期	b). 两 个 星期	c). 三 个 星期
yí ge xīngqī	liǎng ge xīngqī	sān ge xīngqī
one week	two weeks	three weeks

The alternative words are 礼拜 lǐbài and 周 zhōu. 星期 xīngqī is used in daily language, 周 zhōu, used when referring to administration such as scheduling timetables, etc. 礼拜 lǐbài, mostly used in literature. The measure word for for 礼拜 lǐbài is as same as 星期 xīngqī, there is no measure word for 周 zhōu. For example:

a).	一	周	b).	两	周	c).	三	周
	yì	zhōu		liǎng	zhōu		sān	zhōu
	one	week		two	weeks		three	weeks

2. 看看   kànkan

Have a look.   Abbreviation of 看 一 看 kàn yí kàn. Repetition of a verb indicates softens the message of a speaker making their words less abrupt. Other similar expressions which convey the same meaning:

看 一 下 儿	kàn yíxià-r	have a look
看 一 看	kàn yí kàn	have a look
看看	kànkàn	have a look

In Chinese, many verbs could have such structure, such as verb 等 děng, wait:

等 一 下 儿	děng yíxià-r	wait for a little while
等 一 等	děng yì děng	wait for a little while
等等	děngdeng	wait for a little while

Notes

1. 面试　miànshì

Interview. *lit.* face examination. It could mean to interview someone, or being interviewed, depending on the context.

1. 我　去　　参加　　面试。
   Wǒ　qù　cānjiā　miànshì.　(could mean both situation)
   I　go　attend　interview.
   I am going to attend an interview.

2. 他　要　　　面试　　一个　新　　雇员。
   Tā　yào　miànshì　yí gè　xīn　gùyuán
   He　is going to　interview　a　new　employee.
   He is going to interview a new employee.

2. 哪 天　nǎ/něi tiān

Which day. One could also say 哪一天 nǎ/něi yìtiān. The character 一 yī has been omitted.

3. 好象/像　hǎoxiàng

As if. This word is used, when you are not sure of something.

1. 好象/像　天　要　下雨。
   Hǎoxiàng　tiān　yào　xiàyǔ.
   It seems that it's going to rain.

2. 他　好象/像　不　知道。
   Tā　hǎoxiàng　bù　zhīdào.
   As if he does not know.

4. 星期五   xīngqīwǔ

Friday. *lit.* week (day) five.   Other expressions which convey the same meaning:

礼拜五   lǐbàiwǔ
周五   zhōuwǔ

5. 几   jǐ

What (time, date)/how much/how many.   几 jǐ & 多少 duōshao. You should use this word to form a question when you guess the answer is going to be less than ten, otherwise use 多少 duōshao instead. For example:

Question:	今天	是	几	号儿?
	Jīntiān	shì	jǐ	hào-r?
lit.	Today	is	what	date?
	What date is today?			

Answer:	今天	是	三	号儿。
	Jīntiān	shì	sān	hào-r.
lit.	Today	is	three	date.
	Today is the third.			

Question:	今天	是	多少	号儿?
	Jīntiān	shì	duōshao	hào-r?
lit.	Today	is	what	date?
	What date is today?			

Answer:	今天	是	十三	号儿。
	Jīntiān	shì	shísān	hào-r.
lit.	Today	is	thirteen	date.
	Today is the thirteenth.			

Key sentence construction

1.
				tiān	day
				天	
			něi	tiān	which day
			哪	天	
		shì	něi	tiān	is which day
		是	哪	天	
	miànshì	shì	něi	tiān	interview is which day
	面试	是	哪	天	

2.
				wǔ	five
				五	
			xīngqī wǔ	week five
			星期 五	
		xià	xīngqī wǔ	next week five
		下	星期 五	
	shì	xià	xīngqī wǔ	is next week five
	是	下	星期 五	
hǎoxiàng	shì	xià	xīngqī wǔ	as if is next week five
好象	是	下	星期 五	

3.
			hào-r	day
			号儿	
		jǐ	hào-r	which day
		几	号儿	
	shì	jǐ	hào-r	is which day
	是	几	号儿	
xīngqī wǔ shì	jǐ	hào-r	Friday is which day
星期 五 是	几	号儿	
xià xīngqī wǔ shì	jǐ	hào-r	next Friday is which day
下 星期 五 是	几	号儿	

4.
		ba	particle
		吧	
	xīngqīsì	ba	Thursday
	星期四	吧	
xià	xīngqīsì	ba	next Thursday
下	星期四	吧	

gǎi dào	xià	xīngqīsì	ba		change to next Thursday
改 到	下	星 期 四	吧		

Exercise

1. Read the following phrases, pay attention to sounds x, q, s, er, r :

1.
星期一	xīngqīyī	Monday
星期二	xīngqīèr	Tuesday
星期三	xīngqīsān	Wednesday
星期四	xīngqìsì	Thursday
星期五	xīngqīwǔ	Friday
星期六	xīngqīliù	Saturday
星期日	xīngqīrì	Sunday

2.
一 个 星 期	yí ge xīngqī	one week
两 个 星 期	liǎng ge xīngqī	two weeks
三 个 星 期	sān ge xīngqī	three weeks

3.
上 (个) 星期四	shàng (ge) xīngqīsì	last Thursday
上 (个) 星期五	shàng (ge) xīngqīwǔ	last Friday
上 (个) 星期六	shàng (ge) xīngqīliù	last Saturday
上 (个) 星期日	shàng (ge) xīngqīrì	last Sunday

4.
这 (个) 星期四	zhèi (ge) xīngqīsì	this Thursday
这 (个) 星期五	zhèi (ge) xīngqīwǔ	this Friday
这 (个) 星期六	zhèi (ge) xīngqīliù	this Saturday
这 (个) 星期日	zhèi (ge) xīngqī rì	this Sunday

5.
下 (个) 星期四	xià (ge) xīngqīsì	next Thursday
下 (个) 星期五	xià (ge) xīngqīwǔ	next Friday
下 (个) 星期六	xià (ge) xīngqīliù	next Saturday
下 (个) 星期日	xià (ge) xīngqīrì	next Sunday

2. **Practice the following sentence patterns by using the substitute words given below:**

   1. _____ 是 哪 天 ?

     _____ shì nǎ/něi tiān?

     1. 认识 格林 先生   Rènshi Gélín xiānsheng

     2. 认识 丁 女士   Rènshi Dīng nǚ shì

     3. 让 他 面试   Ràng tā miànshì

     4. 假期   Jiàqī

   2. 改到 _____ 吧 。

     Gǎidào _____ ba.

     1. 下 星期 五   xià xīngqīwǔ

     2. 下 星期   xià xīngqī

     3. 下 个 月   xià ge yuè

     4. 上午   shàngwǔ

     5. 下午   xiàwǔ

     6. 晚上   wǎnshang

     7. 一点 (钟)   yì diǎn (zhōng)

     8. 下午 两点   xiàwǔ liǎngdiǎn

3. **Translate the following sentences:**

   1. 星期五 面试。   Xīngqīwǔ miànshì.

   2. 下午 两点 有 个 会。   Xiàwǔ liǎngdiǎn yǒu ge huì.

   3. 看看 老丁 的 日记。   Kànkan LǎoDīng de rìjì.

   4. 改到 下 星期四 吧。   Gǎidào xià xīngqīsì ba.

   5. 这 是 格林 先生 的 日记。   Zhè shì Gélín xiānsheng de rìjì.

   6. 这 不 是 格林 先生 的 日记。   Zhè bú shì Gélín xiānsheng de rìjì.

4. **Dialogue:**

   1. A: 今天 星期几 ?

     B: 今天 是 星期一。

     A: 我 下午 三点 有 个 会。

B: 什么 会 ？

A: 是 面试。

A: Jīntiān xīngqī jǐ?

B: Jīntiān shì xīngqī yī.

A: Wǒ xiàwǔ sān diǎn yǒu ge huì.

B: Shénme huì?

A: Shì miànshì.

2. A: 这 是 你 的 日 记 吗 ？

   B: 是。

   A: 我 看看。

   B: 下 星期五 是 几 号儿 ？

   A: 是 十四 号儿。

A: Zhè shì nǐde rì jì ma?

B: Shì.

A: Wǒ kànkan.

B: Xià xīngqīwǔ shì jǐ hào-r?

A: Shì shísì hào-r.

3. A: 下午 我 要 见 王 先生。

   B: 是 吗 ？

   A: 是， 我们 有 个 会。

   B: 是 几 点 ？

   A: 三 点。

A: Xiàwǔ wǒ yào jiàn Wáng xiānsheng.

B: Shì ma?

A: Shì, wǒmen yǒu ge huì.

B: Shì jǐ diǎn?

A: Sān diǎn.

New words for exercises

1. 上   shàng   last/to go

2. 星期日   xīngqīrì   Sunday (rì, the sun)

3. 让   ràng   let

4. 假期   jiàqī   vacation

5. 要   yào   want, would

Month and Year

Mr. Green wants to know when the ordered software will arrive.

格林：软件儿 订 了 没有？

丁　：已经 订 了。半 个 月 以前 就 订 了。

格林：什么 时候 能 到？

丁　：得 一 个 月 以后。

格林：现在 是 12月，一 个 月 以后……

丁　：就 是 明年 了。

Gélín ： Ruǎnjiàn-r dìng le méiyou?

Dīng ： Yǐjīng dìng le. Bàn ge yuè yǐqián jiù dìng le.

Gélín ： Shénme shíhou néng dào?

Dīng ： Děi yí ge yuè yǐhòu.

Gélín ： Xiànzài shì shíèryuè, yí ge yuè yǐhòu...

Dīng ： Jiù shì míngnián le.

Green ： Have we ordered the software?

Ding ： Yes we have. We did it fortnight ago.

Green ： When will it arrive?

Ding ： Not until one month from now.

Green ： It's December now, so one month from now will be ...

Ding ： It'll be next year.

New words

1.	软件儿	ruǎn jiàn-r	software
2.	已经	yǐ jīng	already
3.	订	dìng	order
4.	了	le	function word
5.	半	bàn	half
6.	月	yuè	moon, month
7.	以前	yǐqián	ago, before
8.	就	jiù	it indicates emphasis
9.	什么 时候	shénme shíhou	when *lit.* what time
10.	能	néng	can, be able to
11.	到	dào	arrive, reach
12.	得	děi	need, must
13.	以后	yǐhòu	after, from now on
14.	明年	míngnián	next year

Grammar

1. 了 le

Particle word. It indicates a situation has changed or an action has been completed, regardless tense. For example: 我吃了。Wǒ chī le. I've eaten. It indicates the action 吃 chī (eat) has been completed. (or you can consider that the situation has changed, i.e., from *I have not eaten* into *I have eaten*).

1.　　　我　　吃　　了。
　　　　Wǒ　　chī　　le.
　　　　I've eaten / I ate

2. 我 吃 了 饭 去 开会。
    Wǒ chī le fàn qù kāihuì.
lit. I eat meal go have a meeting
    After I've eaten, I'll go to a meeting.

At this stage, there is no time indicator to indicate the tense thus we would not know what time period they are referring to. We have to add an extra word to indicate the tense. For example:

1. 我 刚   吃 了。
    Wǒ gāng (just) chī le.
    I've <u>just</u> eaten.

2. 昨天， 我 吃 饭 了。
    Zuótiān, wǒ chī fàn le.
    Yesterday, I ate meal.

3. 明天， 我 吃 了 饭 去 开会。
    Míngtiān, wǒ chī le fàn qù kāihuì.
    Tomorrow, I 'll eat (and then) go to a meeting.

2. 明年 míngnián

Next year. Note that there is no measure word for year. For example:

    今年 jīnnián this year
    去年 qùnián last year
    明年 míngnián next year

You can *not* say: 明个年 míng <u>ge</u> nián.

Notes

---

1. 软件儿 订 了 没有？　Ruǎn jiàn-r dìng le méiyou?

Has the software been ordered?　Three very useful sentence patterns for asking questions:

1.	软件儿	订	了	吗 ？
	Ruǎn jiàn-r	dìng	le	<u>ma</u>?

(standard question with question mark 吗 <u>ma</u>)

2.	软件儿	订	了	没有 ？
	Ruǎn jiàn-r	dìng	le	<u>méiyou</u>?

(没有 méiyou equivalent to 吗 ma)

3.	软件儿	订	没	订 ？
	Ruǎn jiàn-r	dìng	<u>méi</u>	<u>dìng</u>?

(ordered + not ordered)

In 2. and 3. the question mark 吗 ma is not in need, because 没有 <u>méiyou</u> and 订没订 <u>dìng méi dìng</u> itself is question expression pattern.

---

2. 半 个 月 以前 就 订 了　bàn ge yuè yǐqián jiù dìng le.

(The software) was ordered fortnight ago.　就 jiù is used here to emphasis it happened long time ago (the speaker thinks).

---

3. 一 个 月 以后 就是 明年 了　yí ge yuè yǐhòu jiùshì míngnián le.

One month from now, it would be next year.　In Chinese, to express the future tense is easy, simply add the word 以后 yǐhòu, meaning *after* before the verb.

Key sentence construction

1.
			méiyou 没有?	(equivalent to **ma**)?
	dìng 订	le 了	méiyou 没有?	ordered or not ordered?
ruǎn jiàn-r 软件	dìng 订	le 了	méiyou 没有?	software ordered or not ordered?

2.

			le 了	particle
		dìng 订	le 了	ordered
	jiù 就	dìng 订	le 了	ordered
bàn ge yuè yǐqián 半 个 月 以前	jiù 就	dìng 订	le 了	half month ago ordered

3.

			yuè· 月	month
		shíèr 十二	yuè 月	December
	shì 是	shíèr 十二	yuè 月	is December
xiànzài 现在	shì 是	shíèr 十二	yuè 月	now is December

Exercise

1. Read the following phrases and sentences, please pay attention to sounds *r, j, s, zh, r, x, q, e*:

1. 软件   ruǎn jiàn-r   software
   计算机 软件儿   jìsuàn jī ruǎn jiàn-r   computer software

2. 一种 软件儿   yìzhǒng ruǎn jiàn-r   one type of software
   两种 软件儿   liǎngzhǒng ruǎn jiàn-r   two types of software
   三种 软件儿   sānzhǒng ruǎn jiàn-r   three types of software

3. 一 个 星期	yí ge xīngqī	one week
一 个 月	yí ge yuè	one month
一 年	yì nián	one year
4. 一 个 月 以前	yí ge yuè yǐqián	one month ago
两 个 月 以前	liǎng ge yuè yǐqián	two months ago
三 个 月 以前	sān ge yuè yǐqián	three months ago
5. 一 个 月 以后	yí ge yuè yǐhòu	in/after one month time
两 个 月 以后	liǎng ge yuè yǐhòu	in/after two months time
三 个 月 以后	sān ge yuè yǐhòu	in/after three months time

2. Practice the following sentence patterns by using the substitute words given below:

1. 现在　是 _____ 。
   Xiànzài　shì _____.

   a. 九月　　jiǔyuè
   b. 十月　　shíyuè
   c. 十一月　shíyīyuè

2. 两　　个　　月　以后 是 _____ 。
   Liǎng　ge　yuè　yǐhòu shì _____.

   a. 十一月　shíyīyuè
   b. 四月　　sìyuè
   c. 五月　　wǔyuè

3. 三　　个　　月　以前 是 _____ 。
   Sān　ge　yuè　yǐqián shì _____.

   a. 八月　　bāyuè
   b. 一月　　yīyuè
   c. 二月　　èryuè

3. Select a correct word to fill in the blanks:

1. 今年　是　牛　年，明年　　是 _____ 。
   Jīnnián　shì　niú　nián,　míngnián　shì _____.

   a. 虎　　　b. 羊　　c. 猴
   　　hǔ　　　　yáng　　　hóu-r

2. 今年 　是 　龙 　年 ， 去年 　是 ＿＿＿＿ 。
   Jīnnián　shì　lóng　nián,　qù nián　shì ＿＿＿＿ .

    a. 蛇 　　b. 鼠 　c. 兔
       shé 　　　shǔ 　　tù-r

3. 今年 　是 　猪 　年 ， 前年 　是 ＿＿＿＿ 。
   Jīnnián　shì　zhū　nián,　qiánnián　shì ＿＿＿＿ .

    a. 鸡 　　b. 狗 　c. 龙
       jī 　　　gǒu 　　lóng

4. Translate the following phrases and sentences:

1. 软件儿 哪 天 能 到 ?　　Ruǎn jiàn-r nǎ/něi tiān néng dào?
2. 他们 订 软件儿 了 。　　Tāmen dìng ruǎn jiàn-r le.
3. 明天 他 有 个 会 。　　Míngtiān tā yǒu ge huì.
4. 现在 是 四月 。　　Xiànzài shì sìyuè.
5. 两 个 月 以后 软件儿 能 到 吗 ? Liǎng ge yuè yǐhòu ruǎn jiàn-r néng
                      dào ma?

5. Dialogue:

1. A: 你 订 软件 了 吗 ?

    B: 订 了 。

    A: 什么 时候 能 到 ?

    B: 三 天 以后 。

    A: Nǐ dìng ruǎn jiàn-r le ma?

    B: Dìng le.

    A: Shénme shíhou néng dào?

    B: Sān tiān yǐhòu.

2. A: 格林 先生 有 会 吗 ?

    B: 他 有 会 。

    A: 他 下 个 月 有 会 吗 ?

    B: 有 。

    A: Gélín xiānsheng yǒu huì ma?

    B: Tā yǒu huì.

A: Tā xià ge yuè yǒu huì ma?

B: Yǒu.

3. A: 现在 是 几 月 ?

B: 是 二月 。

A: 好象 不对 。 是 一月 。

B: 对不起 。

A: 没关系 。

A: Xiànzài shì jǐ yuè?

B: Shì èr yuè.

A: Hǎoxiàng bú duì. Shì yīyuè.

B: Duìbuqǐ.

A: Méiguānxi.

New words for exercises

1.	种	zhǒng	type
2.	鼠	shǔ	mouse
3.	牛	niú	cow
4.	虎	hǔ	tiger
5.	兔	tù-r	rabbit
6.	龙	lóng	dragon
7.	蛇	shé	snake
8.	马	mǎ	horse
9.	羊	yáng	sheep
10.	猴	hóu-r	monkey
11.	鸡	jī	rooster
12.	狗	gǒu	dog
13.	猪	zhū	pig
14.	今年	jīnnián	this year

15. 去年   qùnián   last year
16. 前年   qiánnián   two years ago

Lesson 6

On the Phone

Mr. Green is making a phone call to open a bank account.

格林：喂，请问 是 ABC 银行 吗？

职员：是 啊。请问 您 有 什么 事儿 吗？

格林：我 想 开 个 帐户。

职员：好 啊。您 得 来 银行 办。

格林：谢谢！你们 几点 开门儿？

职员：九点。

Gélín   : Wéi, Qǐngwèn shì ABC yínháng ma?

Zhíyuán : Shì a. Qǐngwèn nín yǒu shénme shì-r ma?

Gélín   : Wǒ xiǎng kāi ge zhànghù.

Zhíyuán : Hǎo a. Nín děi lái yínháng bàn.

Gélín   : Xièxie! Nǐmen jǐ diǎn kāimén-r?

Zhíyuán : Jiǔdiǎn.

Green : Hello, (may I ask) is this is the ABC bank?

Clerk : Yes. How can I help you?

Green : I want to open a bank account.

Clerk : That's wonderful, but you must come here to do it.

Green : Thanks! What time do you open?

Clerk : We open at 9 o'clock.

New words

1.	喂	wéi	hello
2.	职员	zhíyuán	clerk
3.	银行	yínháng	bank
4.	事儿	shì-r	matter/thing
5.	想	xiǎng	want/ think
6.	开	kāi	to open
7.	帐户	zhànghù	bank account
8.	得	děi	must
9.	来	lái	come
10.	办	bàn	do
11.	开门儿	kāimén-r	open *lit.* open door

Grammar

1. 啊   a

Particle. Note the sound of this word changes when it follows different words:

1.	好 啊	hǎo a	hǎo wa
2.	是 啊	shì a	shì ra
3.	人 啊	rén a	rén na

Notes

1. 喂   wèi

Particle. Used to call someone on the phone. Be careful, the tone can be harsh.

Key sentence construction

1.

| | | | ma | particle |
| | | | 吗 | |

| | | yínháng | ma | bank |
| | | 银行 | 吗 | |

| | shì | yínháng | ma | is bank |
| | 是 | 银行 | 吗 | |

| Qǐngwèn | shì | yínháng | ma | excuse me is bank |
| 请问 | 是 | 银行 | 吗 | |

2.

| | | | ma? | particle |
| | | | 吗? | |

| | | shì-r | ma? | matter |
| | | 事儿 | 吗? | |

| | shénme | shì-r | ma? | what matter |
| | 什么 | 事儿 | 吗? | |

| yǒu | shénme | shì-r | ma? | have what matter |
| 有 | 什么 | 事儿 | 吗? | |

| nín | yǒu | shénme | shì-r | ma? | you have what matter |
| 您 | 有 | 什么 | 事儿 | 吗? | |

| Qǐngwèn | nín | yǒu | shénme | shì-r | ma? | excuse me you have what matter |
| 请问 | 您 | 有 | 什么 | 事儿 | 吗? | |

3.

| | | | zhànghù | account |
| | | | 帐户 | |

| | kāi | ge | zhànghù | open account |
| | 开 | 个 | 帐户 | |

| xiǎng | kāi | ge | zhànghù | want open account |
| 想 | 开 | 个 | 帐户 | |

| wǒ | xiǎng | kāi | ge | zhànghù | I want open account |
| 我 | 想 | 开 | 个 | 帐户 | |

4.

| | | | bàn | do |
| | | | 办 | |

| | lái | yínháng | bàn | come bank do |
| | 来 | 银行 | 办 | |

| děi | lái | yínháng | bàn | must come bank do |
| 得 | 来 | 银行 | 办 | |

nǐ	děi	lái	yínháng	bàn	you must come bank do
你	得	来	银行	办	

5.
			kāimén-r		open
			开门儿		

	jǐ	diǎn	kāimén-r	what time open
	几	点	开门儿	

nǐmen	jǐ	diǎn	kāimén-r	you what time open
你们	几	点	开门儿	

Exercise

1. Make a phrase by combining two of the following words:

1. 帐户   zhànghù
2. 几点   jǐ diǎn
3. 开 一 个   kāi yí gè
4. 开门儿   kāimén-r
5. 办   bàn
6. 来 银行   lái yínháng

2. Complete the following sentences by filling in missing words:

1. _____ 是   银行   吗 ?
   _____ shì   yínháng   ma?

2. 你们 _____ 开门儿 ?
   Nǐmen _____ kāimén-r?

3. 我 _____ 开 个   帐户 。
   Wǒ _____ kāi ge   zhànghù.

4. 格林   先生   想   打 _____ 。
   Gélín   xiānsheng   xiǎng   dǎ _____ .

5. 银行   _____ 开门 儿。
   Yínháng _____ kāimén-r.

3. Make a new sentence by using the substitute words given:

1. 请问, 您   是 _____ 吗 ?
   Qǐngwèn nín   shì _____ ma?

     a. 邮局   yóu jú

     b. 商店   shāngdiàn

     c. 售票处   shòupiàochù

2. 我 想 _____ 。

   Wǒ xiǎng _____ .

     a. 开个帐户   kāi ge zhànghù

     b. 买票   mǎipiào

     c. 打电话   dǎ diànhuà

     d. 订货   dìnghuò

     e. 写信   xiěxìn

     f. 发伊妹儿   fā yīmèi-r

3. 您 得 来 _____办 。

   Nín děi lái _____ bàn.

     a. 银行   yínháng

     b. 邮局   yóu jú

     c. 公司   gōngsī

4. 你们 几 点 _____ ?

   Nǐmen jǐ diǎn _____ ?

     a. 上班   shàngbān

     b. 下班   xiàbān

     c. 关门儿   guānmén-r

     d. 开会   kāihuì

     e. 上飞机   shàng fēijī

     f. 去餐馆儿   qù cānguǎn-r

4. Translate the following sentences:

1. 请问，您是银行吗？   Qǐngwèn, nín shì yínháng ma?

2. 我是售票处。   Wǒ shì shòupiào chù.

3. 格林先生想开个帐户。   Gélín xiānsheng xiǎng kāi ge zhànghù.

4. 他得去银行开帐户。   Tā děi qù yínháng kāi zhànghù.

5. 银行九点开门儿。   Yínháng jiǔ diǎn kāimén-r.

6. 银行职员说他们九点开门儿 Yínháng Zhíyuán shuō tāmen jiǔ diǎn
                                        kāimén-r.

5. Dialogue:

1. A: 您 是 格林 先生 吗？

   B: 是 啊。

   A: 有 您的 电话。

   B: 好，我 就 来。

   A: Nín shì Gélín xiānsheng ma?

   B: Shì a.

   A: Yǒu nínde diànhuà.

   B: Hǎo, wǒ jiù lái.

2. A: 请问 您 是 哪儿？

   B: 我 是 银行。您 有 什么 事儿？

   A: 我 想 买 股票。

   B: 买 什么 股票？

   A: 买 北京 IT 公司 的。

   B: 买 多少？

   A: 买 五千 圆 的。

   A: Qǐngwèn nín shì nǎ-r?

   B: Wǒ shì yínháng. Nín yǒu shénme shì-r?

   A: Wǒ xiǎng mǎi gǔpiào.

   B: Mǎi shénme gǔpiào.

   A: Mǎi Běijīng IT gōngsī de.

   B: Mǎi duōshao?

   A: Mǎi wǔ qiān yuán de.

3. A: 请问 是 商店 吗？

   B: 是 啊。

   A: 你们 几点 开门儿？

   B: 对不起，今天 不 开门儿。

   A: Qǐngwèn shì shāngdiàn ma?

   B: Shì a.

   A: Nǐmen jǐ diǎn kāimén-r?

   B: Duìbuqǐ, jīntiān bù kāimén-r.

4. A: 请问是邮局吗？

    B: 不是。

    A: 对不起。

    B: 没关系。

    A: Qǐngwèn shì yóu jú ma?

    B: Bú shì.

    A: Dùibuqǐ.

    B: Méiguānxi.

New words for exercises

1.	邮局	yóu jú	post office
2.	商店	shāngdiàn	shop
3.	售票处	shòupiào chù	ticket office
4.	买票	mǎipiào	buy ticket
5.	打电话	dǎ diànhuà	make a phone call
6.	订货	dìnghuò	order goods
7.	写信	xiěxìn	write a letter
8.	发伊妹儿	fā yīmèi-r	send an e-mail
9.	上班	shàngbān	go to work
10.	下班	xiàbān	finish work (leave office)
11.	关门儿	guānmén-r	close lit. close door
12.	开会	kāihuì	have a meeting
13.	上飞机	shàng fēijī	boarding (airplane)
14.	去餐馆儿	qù cānguǎn-r	go to a restaurant
15.	买股票	mǎi gǔpiào	buy share
16.	千	qiān	thousand
17.	圆	yuán	unit of Chinese currency
18.	对不起	dùibuqǐ	sorry
19.	没关系	méiguānxi	it doesn't matter lit. no connection

Sending an E-mail

Mr. Green asks his secretary to send an e-mail.

格林：订购 的 软件 还 没 到 吧？

秘书：还 没 呢。

格林：写 个 伊妹儿 催催 吧。

秘书：好！⋯⋯写 好 了。

格林：好，有 地址 吧？ 现在 就 发， 越 快 越 好。

秘书：有，是 abc@yahoo.com

Gélín : Dìnggòu de ruǎnjiàn-r hái méi dào ba?

Mìshū : Hái méi ne.

Gélín : Xiě ge yīmèi-r? cuīcui ba.

Mìshū : Hǎo! ... Xiě hǎo le.

Gélín : Hǎo, yǒu dìzhǐ ba? Xiànzài jiù fā, yuè kuài yuè hǎo.

Mìshū : Yǒu, shì abc@yahoo.com

Green   :   Has the software we ordered arrived or not?

Secretary   :   Not yet.

Green   :   (We should) Send an e-mail to urge them.

Secretary   :   Sure! ... It's done.

Green   :   OK, have you got the address? Please send it now, the sooner the better.

Secretary :   Yes, I have. It is abc@yahoo.com

New words

1.	秘书	mìshū	secretary
2.	订购	dìnggòu	order
3.	软件儿	ruǎn jiàn-r	software
4.	没	méi	no/not
5.	到	dào	reach
6.	吧	ba	function word
7.	伊妹儿	yīmèi-r	e-mail
8.	催催	cuīcui	to urge
9.	就	jiù	at once
10.	发	fā	to send
11.	越快越好	yuè kuài yuè hǎo	the sooner the better

Grammar

1. 没 / 不   méi/bù

no/not. Both 没 méi and 不 bù indicate negative. 没 **méi** is used, when one makes a statement objectively. It can be used in past and present tense only. 不 bù is used, when one expresses idea subjectively. It can be used in all tenses: past, present and future.

没 méi:

1. 昨天   他   没   来 。
    Zuótiān   tā   <u>méi</u>   lái.
    He did not come yesterday. (a statement past tense)

2. 他　还　没　来。

　　Tā　hái　<u>méi</u>　lái.

　　He still does not come. (a statement present tense)

不 bù:

1. 昨天　他　不　来，今天　他　也　不　来。

　　Zuótiān　tā　<u>bù</u>　lái,　jīntiān　tā　yě　<u>bù</u>　lái.

　　He did not come yesterday, or today (He does not want to come.
　　Subjective, past and present tenses).

2. 她　今天　不　去，明天　　　也　不　去。

　　Tā　jīntiān　<u>bú</u>　qù,　míngtiān　yě　<u>bú</u>　qù.

　　She does not go (there) today, or tomorrow (She does not want to go.
　　Subjective, present and future tense).

---

2. 催催　cuīcui

urge.　A frequently used structure: 催催 cuīcui is the abbreviation of
催 一 催 cuī yī cuī, which indicates casual tone of the speaker. More
examples:

1. 等 一 等　　　děng yì děng　　　wait
　　等等　　　　　děngdeng　　　　　wait
　　等 一 下儿　　děng yí xià-r　　　wait
　　等 一 会儿　　děng yí huì-r　　　wait for a while

2. 听 一 听　　　tīng yì tīng　　　　listen
　　听听　　　　　tīngting　　　　　　listen
　　听 一 下儿　　tīng yí xià-r　　　listen
　　听 一 会儿　　tīng yí huì-r　　　listen for a while

3. 洗 一 洗　　　xǐ yì xǐ　　　　　　wash
　　洗洗　　　　　xǐxi　　　　　　　　wash
　　洗 一 下儿　　xǐ yí xià-r　　　　wash
　　洗 一 会儿　　xǐ yí huì-r　　　　wash for a while

3. 越…越… yuè... yuè...

the... the ... Examples:

1. 越 快 越 好   yuè kuài yuè hǎo   the sooner the better
2. 越 热 越 好   yuè rè yuè hǎo   the hotter the better
3. 越 长 越 好   yuè cháng yuè hǎo   the longer the better
4. 越 短 越 好   yuè duǎn yuè hǎo   the shorter the better

báo – thin
duo – more

4. 写 好 了 xiě hǎo le

Finished writing. This structure is quite unique in Chinese. 好 hǎo indicates the *result* of the action verb 写 xiě. e.g. finished in this case. The similar expressions are:

1. 写完了   xiě wán le   finished writing   the result for the action is finished.
2. 写光了   xiě guāng le   writing up   the result for the action is (paper for example), used up.
3. 写到了   xiě dào le   writing has reached   the action has reached some part.
4. 写出了   xiě chū le   writing out   the action is completed.

All of the words such as 完 wán, 光 guāng, 到 dào, 出 chū are complement information for the verb 写 xiě.

Notes

1. 吧 ba

Function word. It indicates that the speaker has a kind of idea what's going on.

2. 伊妹儿　yīmèi-r

E-mail.   A trendy Chinese word, e-mail sounds like 伊妹儿 yīmèi-r, however, it also contains humour *lit.* your sister.

Key sentence construction

1.
				ba?	particle
				吧?	
		méi	dào	ba?	not arrive
		没	到	吧?	
	hái	méi	dào	ba?	still not arrive
	还	没	到	吧?	
ruǎn jiàn-r	hái	méi	dào	ba?	software still not arrive
软件儿	还	没	到	吧?	
dìnggòu de ruǎn jiàn-r	hái	méi	dào	ba?	ordered software still not arrive
订购　的软件儿	还	没	到	吧?	

2.
		ba	particle
		吧	
	cuīcui	ba	urge
	催催	吧	
xiě ge yīmèi-r	cuīcui	ba	write an e-mail urge
写个伊妹儿	催催	吧	

Exercise

1. Make a phrase by combining two of the following words:

1. 写个　　xiěge
2. 催催　　cuīcui
3. 伊妹儿　yīmèi-r
4. 软件儿　ruǎn jiàn-r
5. 订购　　dìnggòu
6. 吧　　　ba

2. Complete the following sentences by filling in missing words:

1. _____的 软件儿 到 了 吗 ?
   _____ de ruǎnjiàn-r dào le ma?

2. 软件儿 还 _____ 到 。
   Ruǎnjiàn-r hái _____ dào.

3. _____个 伊妹儿 吧 。
   _____ ge yīmèi-r ba.

4. 他 的 汉语 _____ 。
   Tā de Hànyǔ_____.

5. 他们 没有 _____ 。
   Tāmen méiyǒu_____.

3. Make a new sentence by using the substitute words given:

1. 订购 的 _____ 还 没 到 吧 ?
   Dìnggòu de _____ hái méi dào ba?

   a. 电脑   diànnǎo
   b. 手机   shǒujī
   c. 书桌   shūzhuō   ~desk

2. 你 _____ 了 吗 ? 还 没 呢 。
   Nǐ _____ le ma? Hái méi ne.

   a. 买 手机   mǎi shǒujī
   b. 写 信   xiěxìn
   c. 学 汉语   xué Hànyǔ

3. _____ 个 _____ 催催 吧 。
   _____ ge _____ cuīcui ba.

   a. 写 / 伊妹儿   xiě/ yīmèi-r
   b. 发 / 传真   fā/ chuánzhēn   fax
   c. 打 / 电话   dǎ/ diànhuà

4. 发 个 伊妹儿 吧 , 越 _____ 越 好 。
   Fā ge yīmèi-r ba, yuè _____ yuè hǎo.

   a. 快   kuài

b. 短　　duǎn *short*

c. 简单　jiǎndān *simple*

4. Translate the following sentences:

1. 订购 的 软件儿 还 没 到。　Dìnggòu de ruǎnjiàn-r hái méi dào.
2. 你 订购 软件儿 了 吗？　Nǐ dìnggòu ruǎnjiàn-r le ma?
3. 他们 公司 有 个 网址。　Tāmen gōngsī yǒu ge wǎngzhǐ. *website*
4. 他们 公司 有 个 网页。　Tāmen gōngsī yǒu ge wǎngyè-r. *web page*
5. 上网 查查。　Shàngwǎng chácha. *go online & check*
6. 你们 的 计算机 联网 了 吗？　Nǐmende jìsuànjī liánwǎng le ma?
7. 发 个 伊妹儿 吧　Fā ge yīmèi-r ba. *company connect to network*

5. Dialogue:

1. A: 你们 公司 订购 软件儿 了 吗？

   B: 订 了。

   A: 到 了 吗？

   B: 还 没 呢。

   A: Nǐmen gōngsī dìnggòu ruǎnjiàn-r le ma?

   B: Dìng le.

   A: Dào le ma?

   B: Hái méi ne.

2. A: 订购 的 计算机 到 了 吗？

   B: 到 了。

   A: 在 哪儿？

   B: 在 那 个 办公室。

   A: Dìnggòu de jìsuànjī dào le ma?

   B: Dào le.

   A: Zài nǎ-r?

   B: Zài nèi ge bàngōngshì.

3. A: 你们 的 计算机 联网 了 吗？

   B: 联 了。

   A: 我 能 发 个 伊妹儿 吗？

B: 恐怕 不行。

A: 怎么 了？

B: 服务器 坏 了。

A: Nǐmende jìsuànjī liánwǎng le ma?

B: Lián le.

A: Wǒ néng fā ge yīmèi-r ma?

B: Kǒngpà bù xíng.

A: Zěnme le?

B: Fúwùqì huài le.

4. A: 你的 伊妹儿 地址 是 … ？

B: 我的 伊妹儿 地址 是 abc@yahoo.com

A: 谢谢。

B: 不谢。

A: Nǐde yīmèi-r dìzhǐ shì...?

B: Wǒde yīmèi-r dìzhǐ shì abc@yahoo.com

A: Xièxie.

B: Búxiè.

New words for exercises

1.	电脑	diànnǎo	computer
2.	手机	shǒujī	mobile phone
3.	书桌	shūzhuō	desk
4.	写信	xiěxìn	write a letter
5.	学 汉语	xué Hànyǔ	study Chinese
6.	短	duǎn	short
7.	简单	jiǎndān	simple
8.	网址	wǎngzhǐ	web-site
9.	网页	wǎngyè-r	web page
10.	上网	shàngwǎng	go on line

11.	查查	chácha	check/search
12.	联网	liánwǎng	network *lit.* connect net
13.	办公室	bàngōngshì	office
14.	恐怕	kǒngpà	I'm afraid
15.	不行	bù xíng	It won't do
16.	服务器	fúwùqì	server
17.	坏	huài	doesn't work

chù

Sending a Fax

A virus has found its way into Mr. Green's computer. He asks his secretary to fax the documents.

格林：该死的！又死机了。

秘书：让我看看…呣，你的电脑带病毒了。是"懒上司"病毒。

格林：天哪！这肯定是伊妹儿附件带来的。

秘书：要不然，我重打一遍，然后用传真发吧。

格林：那太好了！

Gélín : Gāisǐde! Yòu sǐjī le.

Mìshū : Ràng wǒ kànkan... M, nǐde diànnǎo dài bìngdú le. Shì "lǎn shàngsī" bìngdú.

Gélín : Tiān na! zhè kěndìng shì yīmèi-r fùjiàn-r dàilái de?

Mìshū : Yàobùrán, wǒ chóng dǎ yí biàn, ránhòu yòng chuánzhēn fā ba.

Gélín : Nà tài hǎo le!

Green   : Dam! I think my computer has just hung.

Secretary : Let me have a look... mmm your PC has the "lazy-boss" virus.

Green   : Oh dear, it must have come from an e-mail attachment.

Secretary : Do you want me re-type and fax your letter?

Green   : Oh that would be great!

New words

1.	该死的	gāisǐ de	dam *lit.* should die
2.	又	yòu	again
3.	死机	sǐ jī	hung *lit.* died machine
4.	带病毒	dài bìngdú	carry a virus
5.	懒上司	lǎn shàngsī	lazy boss
6.	肯定	kěndìng	definitely/certainly
7.	附件	fù jiàn-r	attachment
8.	带来	dàilái	bring *lit.* bring come
9.	要不然	yàoburán	used to suggest alternative solution
10.	重打	chóngdǎ	re-type
11.	一遍	yí biàn	one time
12.	然后	ránhòu	then
13.	传真	chuánzhēn	fax
14.	发	fā	to send

Grammar

1. 带 来　dài lái

Bring.   *lit.* bring come. This is a typical structure in Chinese. 来 lái is the result of 带 dài, as well as it indicates a direction, i.e. bring sth. towards (the speaker). Quite often, verb 来 lái, following the other main verb 带 dài can be double syllables, such as 上来 shànglai, 下去 xiàqu etc. More examples:

1. 他　带　去　　一　个　苹果。
   Tā　dài　qù　　yí　ge　píngguǒ.
   He　bring　over　　an　　apple.
   He brings an apple. (bring the apple, away from the speaker)

2. 她   带   *上去*   一 个 苹果。

    Tā   dài   <u>shàngqu</u>   yí ge píng guǒ.

    She bring up   an   apple.

    She brings up an apple. (bring the apple up, towards stair, away from
    the speaker)

3. 她   带   *上来*   一 个 苹果。

    Tā   dài   <u>shànglai</u>   yí ge píngguǒ.

    she bring up   an   apple

    She brings up an apple. (bring the apple up, towards stair and the
    speaker)

                                        yêu ngươì

---

2. 重打 一 遍   chóngdǎ yí biàn

Retype once. *lit.* again type one time. 遍 biàn, a measure word for 打
dǎ, indicating how many times has the action occurred. Remember,
not only noun, but also verb in Chinese have measure word:

1. 说   一   *遍*

    shuō   yí   <u>biàn</u>

    say   one   time

    say once

2. 唱   一   *次*

    chàng   yí   <u>cì</u>

    sing   one   time

    sing once

3. 跑   一   *趟*

    pǎo   yí   <u>tang</u>

    run   one   time

    go once

Notes

1. 电脑   diànnǎo

lit. electric brain, it is also called 计算机 jìsuàn jī *lit.* counting machine.

2. 带来 的   dàilái de

Bring.   A word, 病毒 bìngdú virus, following 的 de has been omitted.

Key sentence construction

1.
			kànkan	look look
			看看	
	ràng	wǒ	kànkan	let me look look
	让	我	看看	

2.
				le	particle
				了	
		dài	bìngdú	le	carry virus
		带	病毒	了	
	diànnǎo	dài	bìngdú	le	computer carry virus
	电脑	带	病毒	了	
nǐde	diànnǎo	dài	bìngdú	le	your computer carry virus
你的	电脑	带	病毒	了	

3.
				de	auxiliary
				的	
			dàilái	de	bring come
			带来	的	
		fùjiàn-r	dàilái	de	attachment bring come
		附件儿	带来	的	
	yīmèi-r de	fùjiàn-r	dàilái	de	e-mail attachment bring come
	伊妹儿的	附件儿	带来	的	
shì	yīmèi-r de	fùjiàn-r	dàilái	de	is e-mail attachment bring come
是	伊妹儿的	附件儿	带来	的	

	kěndìng	shì yīmèi-r	de	fùjiàn-r	dàilái	de	definitely is e-mail attachment bring come
	肯定	是 伊妹儿	的	附件儿	带来	的
	zhè kěndìng	shì yīmèi-r	de	fùjiàn-r	dàilái	de	This definitely is e-mail
	这 肯定	是 伊妹儿	的	附件儿	带来	的	attachment bring come

4.

			biàn	measure word
			遍
		yí	biàn	once
		一	遍
	dǎ	yí	biàn	type once
	打	一	遍
chóng	dǎ	yí	biàn	again type once
重	打	一	遍

5.

			ba	particle
			吧
		fā	ba	send
		发	吧
yòng ...		fā	ba	use ... send
用		发	吧
yòng	chuánzhēn	fā	ba	use fax send
用	传真	发	吧
ránhòu	yòng	chuánzhēn	fā	ba	then use fax send
然后	用	传真	发	吧

Exercise

1. Make a phrase by combining two of the following words:

1. 又   yòu
2. 死机 了   sǐ jī le
3. 病毒   bìngdú
4. 懒 上司   lǎn shàngsī
5. 附件儿   fùjiàn-r
6. 带来 的   dàilái de
7. 一 遍   yí biàn
8. 重 打   chóng dǎ

2. Complete the following sentences by filling in missing words:

1. _____ ，又 死机 了 。
   _____ , yòu sǐjī   le.

2. 你 的 电脑 带 _____ 了 。
   Nǐ de diànnǎo dài _____ le.

3. 这 是 _____ 病毒 。
   Zhè shì _____ bìngdú.

4. _____ ，我 再 打 _____ 。
   _____ , wǒ zài dǎ _____ .

5. 用   _____ 发 吧 。
   Yòng _____ fā ba.

3. Make a new sentence by using the substitute words given:

1. 该死   的   又 _____ 了 。
   Gāisǐ   de,   yòu _____ le.

   a. 出   毛病   chū máobing
   b. 坏   huài
   c. 不   走   bù zǒu

2. 你 的 电脑 _____ 了 。
   Nǐ de diànnǎo _____ le.

   a. 带 病毒   dài bìngdú
   b. 又 死机   yòu sǐ jī
   c. 不 要 用   bù yào yòng

3. 要 不 然 ，我 再 _____ 一 遍 。
   Yào bù rán   wǒ zài _____ yí biàn.

   a. 说   shuō
   b. 改   gǎi
   c. 打   dǎ

4. 用 _____ 发 吧 。
   Yòng _____ fā ba.

   a. 传真机   chuánzhēn jī

b. 伊妹儿   yīmèi-r

c. 电传   diànchuán

5. 那 太 _____ 了 。

Nà tài _____ le.

a. 感谢   gǎnxiè

b. 好   hǎo

c. 棒   bàng

4. Translate the following sentences:

1. 计算机 又 坏 了 。   Jìsuànjī yòu huàile.
2. 电脑 又 带 病毒 了 。   Diànnǎo yòu dài bìngdú le.
3. 这是伊妹儿 附件儿 带来 的 。   Zhè shì yīmèi-r fùjiàn-r dàilái de.
4. 不 要 打 开 附件儿 。   Bú yào dǎkāi fùjiàn-r!
5. 要不然 ， 我 再 重 打 一遍 吧 。 Yàobùrán, wǒ zài chóng dǎ yíbiàn ba.

5. Dialogue:

1. A: 你 的 电脑 怎么 了 ？

   B: 我 的 电脑 死机 了 。

   A: 哟 ， 怎么 死机 了 ？

   B: 恐怕 是 带 了 病毒 了 。

   A: Nǐ de diànnǎo zěnme la?

   B: Wǒ de diànnǎo sǐ jī le.

   A: Yòu, zěnme sǐ jī le?

   B: Kǒngpà shì dài le bìngdú le.

2. A: IT 公司 送来 的 伊妹儿 收到 了 吗 ？

   B: 我 不 太 清楚 。 电脑 出 毛病 了 。

   A: 出 什么 毛病 了 ？

   B: 显示屏 不 亮 。

   A: IT gōngsī sònglái de yīmèi-r shōudào le ma?

   B: Wǒ bú tài qīngchu. Diànnǎo chū máobìng le.

   A: Chū shénme máobìng le?

   B: Xiǎnshìpíng bú liàng.

New words for exercises

1.	出 毛病	chū máobing	does not work, have a problem
2.	坏	huài	does not work
3.	走	zǒu	walk, work
4.	改	gǎi	to change
5.	电传	diànchuán	telex
6.	感谢	gǎnxiè	thank
7.	棒	bàng	very good
8.	打开	dǎkāi	to open, to switch it on
9.	怎么	zěnme	how
10.	哟	yòu	function word
11.	送来	sònglái	send
12.	收到	shōudào	receive
13.	清楚	qīngchu	clear, to know
14.	显示 屏	xiǎnshì píng	monitor *lit.* show screen
15.	亮	liàng	bright, here means on

Sending by Post

Mr. Green's secretary is at a post office.

秘书：我 想 寄 个 包裹。

职员：寄 航空， 还是 海运？

秘书：寄 航空 得 多长 时间 能到？

职员：这 是 往 哪儿 寄 呀？

秘书：往 伦敦。

职员：一 个 星期 就 到。

秘书：寄 航空 吧。

职员：把 它 放 在 秤 上 吧。

　　　…387 块。填 上 这 个 单子，把 邮票 粘上。

秘书：给。（递 上 钱）

Mìshū　　 : Wǒ xiǎng jì ge bāoguǒ.

Zhíyuán : Jì hángkōng, háishì hǎiyùn?

Mìshū　　 : Jì hángkōng děi duōcháng shíjiān néng dào?

Zhíyuán : Zhè shì wǎng nǎ-r jì ya?

Mìshū　　 : Wǎng Lúndūn.

Zhíyuán : Yí ge xīngqī jiù dào.

Mìshū　　 : Jì hángkōng ba.

Zhíyuán : Bǎ tā fàng zài chèng shàng ba.

　　　　　 ... sān bǎi bā shí qī kuài. Tián shang zhèi ge dānzi, bǎ

yóupiào zhān shang.

Mìshū   :   Gěi (dì shàng qián)

Secretary :   I would like to get this parcel posted.

Clerk   :   By air, or by surface?

Secretary :   How long will it take to reach there by air?

Clerk   :   Where is it going?

Secretary :   To London.

Clerk   :   One week only.

Secretary :   I would like to post it by air.

Clerk   :   Leave it on the scale, please.

                   ... 387 kuai. Fill in this form, and stick this stamp on the envelope.

Secretary :   Here you are (hand over the money).

New words

1.	想	xiǎng	want/think/would like
2.	寄	jì	to post
3.	包裹	bāoguǒ	parcel
4.	航空	hángkōng	by air *lit.* navigate (in the) sky
5.	海运	hǎiyùn	by surface *lit.* sea transport
6.	多长	duōcháng	how long
7.	时间	shíjiān	time
8.	往…寄	wǎng...jì	send ... to *lit.* towards ... post
9.	伦敦	Lúndūn	London
10.	把	bǎ	a preparation word, indicating to deal with
11.	放在…	fàng zài ...	put at...
12.	秤	chèng	scale

13. 块	kuài	name of unite for Chinese currency
14. 填上	tián shang	fill in *lit.* fill on (form)
15. 单子	dānzi	form
16. 邮票	yóupiào	stamp
17. 粘	zhān	stick zhān shang (stick on)
18. 给	gěi	to give

Grammar

1. 往···寄   wǎng...jì

Send ... to ...   *Lit.* towards ... post. Note the order of the sentence in Chinese, which is different from English:

往	伦敦	寄
wǎng	Lúndūn	jì
towards	London	post

send (it) to London

2. 把   bǎ

A preposition word, indicating to deal with, to handle, with function of passive voice (e.g. The door *is* open*ed*). The formula for this word in practice is:

| bǎ | + | n. | + | v. | + | (other word or phrase) |

More examples:

1.	把	+	包裹	+	放	+	在	秤	上
	bǎ	+	bāoguǒ	+	fàng	+	zài	chèng	shàng
	handle	+	parcle	+	put	+	on	the	scale

Leave the parcle on the scale.

2. 把   +   邮票   +   粘   +   上
    bǎ   +   yóupiào +   zhān +   shàng
    hanle +   stamp   +   stick +   on (the parcel)
    Stick the stamp on the enevlope.

3. 把   +   门   +   开   +   开
    bǎ   +   mén   +   kāi   +   kai (kai, to open)
    handle + door +   open +   open
    Open the door.

The word or phrase after the verb usually plays a complementary role.
Either it adds more information into the sentence, indicating the location
(1), or the result of the action (2, & 3). In situations use of this formula
can be quite complicated.

Notes

1. 块 Kuài

块 Kuài, Chinese currency (spoken). This is the common name for
money in China. Americans use dollars, the British use pounds, whilst
the Chinese use 块 Kuài. To be more precise, one should note the three
units existing in Chinese currency. The names of which, differ between
the spoken and written form :

圆   角儿   分
yuán   jiǎo-r   fēn   (printed on notes)

块   毛   分
kuài   máo   fēn   (in spoken language)

1 yuán = 10 jiǎo-r = 100 fēn   *or*
1 kuài = 10 máo   = 100 fēn

Key sentence construction

1.
			bāoguǒ 包裹	parcel
		jì 寄	ge 个	bāoguǒ 包裹	post a parcel
	xiǎng 想	jì 寄	ge 个	bāoguǒ 包裹	want post a parcel
wǒ 我	xiǎng 想	jì 寄	ge 个	bāoguǒ 包裹	I want post a parcel

2.
		hǎiyùn 海运	sea transportation
	háishì 还是	hǎiyùn 海运	or sea transportation
hángkōng, 航空，	háishì 还是	hǎiyùn 海运	by air, or sea transportation
jì hángkōng, 寄 航空，	háishì 还是	hǎiyùn 海运	post by air, or sea transportation

3.
		dào 到	reach
	néng dào 能 到	could reach
duōcháng shí jiān néng dào 多长 时间 能 到	how long time could reach
děi duōcháng shí jiān néng dào 得多长 时间 能 到	(the parcel) need how long time could reach
jì hángkōng děi duōcháng shí jiān néng dào 寄航空 得多长 时间 能 到	post by air need how long time could reach

4.
		ya 呀	particle
	jì ya 寄 呀	post
wǎng 往	nǎ-r 哪儿	jì ya 寄 呀	towards where post
zhè shì wǎng 这 是 往	nǎ-r 哪儿	jì ya 寄 呀	this is post towards where post

5.   ba   particle
                                               吧

                  zai ...   shàng   ba   at ... on
                  在   上   吧

                  zài chèng shàng   ba   at scale on
                  在   秤   上   吧

        fàng   zài   chèng shàng ba   put at scale on
        放   在   秤   上   吧

bǎ   tā fàng   zài   chèng shàng ba   deal with it put at scale on
把   它 放   在   秤   上   吧

6.   shàng   on
                                               上

                  zhān   shàng   stick on
                  粘   上

        bǎ   yóupiào   zhān   shàng   deal with stamp stick on
        把   邮票   粘   上

7.   kuài   kuai
                                               块

        sān bǎi bā   shí   qī   kuài   387 kuai
        三   百 八   十   七   块

Exercise

1. Make a phrase by combining two of the following words:

  1. 寄   jì
  2. 包裹   bāoguǒ
  3. 时间   shí jiān
  4. 多长   duōcháng
  5. 往…寄   wǎng... jì
  6. 星期   xīngqī
  7. 哪儿   nǎ-r
  8. 一个   yí ge
  9. 把…放在…   bǎ... fàng zài
  10. 秤上   chèng shàng
  11. 把…粘上   bǎ ... zhān shang

12. 邮票   yóupiào

2. Complete the following sentences by filling in missing words:

1. 我 想 寄 个 _____ 。
   Wǒ xiǎng jì   ge _____ .

2. 寄 航空 ， 还是 _____ ？
   Jì hángkōng, háishì _____ ?

3. 这 是 _____ 哪儿 寄 呀 ？
   Zhè shì _____ nǎ-r   jì   ya?

4. _____ 这 个 单子 。
   _____ zhèi ge dānzi.

5. _____ 邮票 粘 上 。
   _____ yóupiào zhān shang.

3. Make a new sentence by using the substitute words given:

1. 我 想 寄 _____ 。
   Wǒ xiǎng jì _____ .

   a. 航空   hángkōng
   b. 海运   hǎiyùn
   c. 挂号 信   guàhào xìn
   d. 特快   tè kuài
   e. 航空 挂号 信   hángkōng guàhào xìn
   f. 特快 专递   tèkuài zhuāndì

2. 你 是 寄 _____ ， 还是 _____ ？
   Nǐ shì jì _____ , háishì _____ ?

   a. 平信/快信   píngxìn/kuàixìn
   b. 包裹/信   bāoguǒ/xìn
   c. 小 件 儿/集装箱   xiǎo jiàn-r/ jízhuāngxiāng
   d. 快件儿/慢件儿   kuài jiàn-r/ màn jiàn-r

3. 把 它 放 在 _____ 。
   Bǎ tā fàng zài _____ .

   a. 秤上   chèng shang
   b. 桌儿 上   zhuō-r shang
   c. 在 那儿   zài nà-r

4. Translate the following sentences:

1. 他 的 秘书 想 要 寄 个 包裹。　Tāde mìshū xiǎng yào jì ge bāoguǒ.
2. 他 想 寄 航空。　Tā xiǎng jì hángkōng.
3. 往 伦敦 寄 一 个 星期 就 到。　Wǎng Lúndūn jì yí ge xīngqī jiù dào.
4. 把 秤 放 在 桌儿 上。　Bǎ chèng fàng zài zhuō-r shang.
5. 填 一 个 单子。　Tián yí ge dānzi.

5. Dialogue:

1. A: 我 想 寄 封 信。

   B: 往 哪儿 寄?

   A: 往 国外 寄。

   B: 贴 五 块 钱 的 邮票。

   A: 谢谢。

   B: 不谢。

   A: Wǒ xiǎng jì fēng xìn.

   B: Wǎng nǎ-r jì?

   A: Wǎng guó wài jì.

   B: Tiē wǔ kuài qián de yóupiào.

   A: Xièxie.

   B: Bú xiè.

2. A: 劳驾, 我 想 买 张 邮票。

   B: 买 多少 钱 的?

   A: 买 一 张 五 块 的, 一 张 十 块 的。

   B: 给, 这 是 邮票, 这 是 零钱。

   A: 多 谢。

   B: 不 客气。

   A: Láo jià, wǒ xiǎng mǎi zhāng yóupiào.

   B: Mǎi duōshao qián de?

   A: Mǎi yì zhāng wǔ kuài de, yì zhāng shí kuài de.

   B: Gěi, zhè shì yóupiào, zhè shì língqián.

   A: Duō xiè.

   B: Bú kèqi.

3. A: 劳驾，我想寄这个包裹。

B: 放在秤上吧。

A: 往哪儿寄？

B: 往纽约寄。

A: 寄快件儿，还是寄慢件儿？

B: 寄特快专递。

A: Láo jià, wǒ xiǎng jì zhèi ge bāoguǒ.

B: Fàng zài chèng shang ba.

A: Wǎng nǎ-r jì?

B: Wǎng Niǔyuē jì.

A: Jì kuài jiàn-r, háishì jì màn jiàn-r?

B: Jì tèkuài zhuāndì.

New words for exercises

1.	挂号信	guàhào xìn	registered letter
2.	特快	tèkuài	express *lit.* specially fast
3.	航空挂号信	hángkōng guà hào xìn	registered letter by air
4.	特快专递	tèkuài zhuāndì	delivered by courier *lit.* special fast specially posted (letter or parcel)
5.	平信	píngxìn	ordinary letter
6.	快信	kuàixìn	fast letter
7.	小件儿	xiǎo jiàn-r	small parcel
8.	集装箱	jízhuāngxiāng	container
9.	快件儿	kuài jiàn-r	express post *lit.* fast mail
10.	慢件儿	màn jiàn-r	ordinary post *lit.* slow mail
11.	桌儿	zhuō-r	table
12.	那儿	nà-r	over there
13.	钱	qián	money

14. 张	zhāng	a measure word
15. 贴	tiē	stick
16. 劳驾	láo jià	excuse me
17. 零钱	língqián	changes

Reading Review

格林 先生 是 经理，他 到 中国 两个 月 了。 来 的 第一天，他 认识 了 王 先生 和 丁 女士。 丁 女士 也 是 经理。他们 交换 了 名片。 名片 上 有 姓名 和 地址。 格林 先生看 不懂 汉字 ， 就 问 王 先生。王 先生 告诉 他 名片 的背面 有 英文。

格林 先生 有 个 秘书 姓 布朗， 大家 都 叫 她 阿娜。

他们 第一 周 都 很 忙。格林 先生 去 开会， 安排 面试新 雇员， 询问 订购 的 软件 到 了 没有， 还 打 电话 给 银行。他 的 秘书 忙着 接 电话、 发 伊妹儿、 还 去 邮局 寄包裹。有 一天， 电脑 带 了 病毒， 她 还 得 用 传真 发 文件。

格林 先生 会 说 一点儿 汉语。 他 觉得 "伊妹儿" 这个 词儿 很 有 意思。 王 先生 说 格林 先生 的 汉语 越来越 好 了。

Gélín xiānsheng shì jīnglǐ, tā dào Zhōngguó liǎng ge yuè le. Lái de dìyī tiān, tā rènshi le Wáng xiānsheng hé Dīng nǚshì. Dīng nǚshì yě shì jīnglǐ. Tāmen jiāohuàn le míngpiàn. Míngpiàn shàng yǒu xìngmíng hé dìzhǐ. Gélín xiānsheng kàn bu dǒng Hànzì, jiù wèn Wáng xiānsheng. Wáng xiānsheng gàosu tā míngpiàn de bèimiàn yǒu Yīngwén.

Gélín xiānsheng yǒu ge mìshū xìng Bùlǎng, dàjiā dōu jiào tā Ānà.

Tāmen dìyī zhōu dōu hěn máng. Gélín xiānsheng qù kāihuì, ānpái miànshì xīn gùyuán, xúnwèn dìnggòu de ruǎnjiàn-r dàole méiyou, hái dǎ diànhuà gěi yínháng. Tā de mìshū mángzhe jiē diànhuà 、fā yīmèi-r 、hái qù yóujú jì bāoguǒ. Yǒu yìtiān, diànnǎo dài le bìngdú, tā hái děi yòng chuánzhēn fā wénjiàn.

Gélín xiānsheng huì shuō yìdiǎn-r Hànyǔ. Tā juéde "yīmèi-r" zhèi ge cí-r hěn yǒu yì-si. Wáng xiānsheng shuō Gélín xiānsheng de Hànyǔ yuè lái yuè hǎo le.

Mr. Green is a manager. He has been in China for two months. On the first day, he met Mr. Wang and Ms. Ding. Ms. Ding is also a manager. They exchanged business cards. There are names and addresses on the cards. Mr. Green could not understand the Chinese characters, and asked Mr. Wang. Mr. Wang told him that there was English on the other side.

Mr. Green has a secretary named Ms. Brown, everybody calls her Anna.

They are all busy in the first week. Mr. Green went to a meeting, arranged an interview for a new employee, made an inquiry on ordered software, as well as calling a bank. His secretary was busy answering the phone, sending e-mails, she also went to post-office to post a parcel. One day, the computer caught a virus, (thus) she had to send the documents by fax.

Mr. Green can speak a little Chinese. He feels that the word "Yimei-r" is quite interesting. Mr. Wang said that Mr. Green's Chinese is getting better and better.

New words

1.	交换	jiāohuàn	exchange
2.	看 不 懂	kàn bu dǒng	can't understand
3.	汉字	Hànzì	Chinese character
4.	告诉	gàosu	to tell
5.	布朗	Bùlǎng	Brown
6.	阿娜	Ānà	Anna
7.	第一周	dìyī zhōu	first week
8.	都	dōu	both, all

9. 安排   ānpái   to arrange

10. 新   xīn   new

11. 雇员   gùyuán   employee

12. 询问   xúnwèn   inquiry

13. 文件   wén jiàn   document

14. 说   shuō   speak

15. 一点儿   yīdiǎn-r   a little

16. 觉得   juéde   feel

Exercise

1. Answer the following questions:

1. 格林 先生 是 经理 吗？
   Gélín xiānsheng shì jīnglǐ ma?

2. 他 到 中国 多长 时间 了？
   Tā dào Zhōngguó duōcháng shí jiān le?

3. 到 中国 以后，他 认识 了 谁？
   Dào Zhōngguó yǐhòu, tā rènshi le shéi/shuí?

4. 格林 先生 有 没有 秘书？
   Gélín xiānsheng yǒu méi yǒu mìshū?

5. 格林 先生 忙 不 忙？
   Gélín xiānsheng máng bu máng?

6. 他的 秘书 为什么 用 传真，不 用 伊妹儿？
   Tā de mìshū wèishénme yòng chuánzhēn, bú yòng yīmèi-r?

7. 格林 先生 的 汉语 怎么 样？
   Gélín xiānsheng de Hànyǔ zěnmeyàng?

2. Translate the following sentences:

1. 格林 先生 认识 了 王 先生。
   Gélín xiānsheng rènshi le Wáng xiānsheng.

2. 格林 先生 会 一点儿 汉语。
   Gélín xiānsheng huì yìdiǎn-r Hànyǔ.

3. 秘书 忙 着 打 电话
   Mìshū máng zhe dǎ diànhuà.

4. 电脑 死机 了，还 得 重新 启动。
   Diànnǎo sǐ jī le, hái děi chóngxīn qǐdòng.

5. 有 时候，电脑 还 会 带 病毒。
   Yǒushíhou, diànhǎo hái huì dài bìngdú.

6. 名片 上 有 姓名 和 地址。
   Míngpiàn shang yǒu xìngmíng hé dìzhǐ.

7. 格林 先生 到 中国 两 个 月 了。
   Gélín xiānsheng dào Zhōngguó liǎng ge yuè le.

3. Discussion:

1. What would you say, and what would you do, when you meet somebody for the first time?

2. Express your wish to keep in touch with someone.

3. Tell your new friend:

    a. your surname and first name.
    b. your home phone number and number at work.
    c. your office address.

4. Name 6 frequently used communication tools.

    a. _____ b. _____ c. _____
    d. _____ e. _____ f. _____

5. Instruct your secretary to organize your diary for:

    a. a meeting which will be held this afternoon 3 o'clock.
    b. an interview next Friday.
    c. sending an e-mail.

6. If you are on the phone and you want to know what time

    a. a bank opens
    b. a meeting starts
    c. whether or not you can use an e-mail

    How would you ask these questions?

New words for exercises

1.	谁	shuí/shéi	who, whom
2.	为什么	wèishénme	why
3.	怎么样	zěnmeyàng	how
4.	会	huì	can/could
5.	启动	qǐdòng	start (computer, machine etc.)
6.	有时候	yǒushíhou	sometimes

Going on Foot

Mr. Green is trying to find a bank nearby.

格林：请问，附近有银行吗？

妇女：没有。

格林：最近的在哪儿？

妇女：一直走，再往左拐就是。

格林：大约走几分钟？

妇女：大约走十分钟。

格林：多谢！

妇女：没什么，应该的。

Gélín　：Qǐngwèn, fùjìn yǒu yínháng ma?

Fùnǚ　：Méiyǒu.

Gélín　：Zuì jìn de zài nǎ-r?

Fùnǚ　：Yìzhí zǒu, zài wǎng zuǒ guǎi jiù shì.

Gélín　：Dàyuē zǒu jǐ fēnzhōng?

Fùnǚ　：Dàyuē zǒu shí fēnzhōng.

Gélín　：Duō xiè!

Fùnǚ　：Méi shénme, yīnggāi de.

Green　：Excuse me, is there a bank around here?

Woman　：There is not (nearby), sorry.

Green : Where is the closest one?

Woman : Go strait ahead, turn left, that's it.

Green : How long will it take me approximately?

Woman : About 10 minutes walk.

Green : Thanks!

Woman : It's nothing, my pleasure.

New words

1.	附近	fùjìn	nearby
2.	最近的	zuì jìn de	the nearest (bank)
3.	一直	yìzhí	straight on
4.	走	zǒu	walk
5.	往···拐	wǎng... guǎi	turn towards... *lit.* towards... turn
6.	左	zuǒ	left
7.	大约	dàyuē	about
8.	分钟	fēnzhōng	minute
9.	没什么	méi shénme	it's nothing
10.	应该的	yīnggāi de	pleasure *lit.* (I) should do.

Grammar

1. 最近 zuì jìn

The nearest. 近 jìn near. 最 zuì most. Here are more examples:

1.	最快	<u>zuì</u> kuài	*the quickest*
2.	最冷	<u>zuì</u> lěng	*the coldest*
3.	最热	<u>zuì</u> rè	*the hottest*

Notes

1. 有　yǒu

There is, or there are.　It indicates existence. It also means to have. For example:

1. 桌　　　　上　　　　有　　　　书。
   zhuō-r　　shàng　　yǒu　　　shū.
   table　　　on　　　there is　book.
   There is a book on the table.

2. 办公室　　　里　　　有　　　　电脑。
   bàngōngshì　lǐ　　　yǒu　　　diànnǎo.
   office　　　in　　　there is　computer.
   There is a computer in the office.

2. 就　　jiù

A mark which indicates emphasis. More examples:

1. 我　一会儿　　　就　　来。
   Wǒ　yíhuì-r　　　jiù　　lái.
   I　　a little while　　　come.
   I'll be here in no time.

2. 他　一会儿　　　就　　到。
   Tā　yíhuì-r　　　jiù　　dào.
   He　a little while　　　arrive.
   He'll arrive soon.

3. 没 什么　　méi shénme

It doesn't matter.　*lit.* haven't got what/ have nothing.

4. 应该 的   yīnggāi de

Should (do).   A courtesy words.

Key sentence construction

1.
| | | | ma?
吗? | | particle? |

| | | yínháng
银行 | ma?
吗? | | bank? |

| | yǒu
有 | yínháng
银行 | ma?
吗? | | there is bank? |

fùjìn daxue
| fùjìn
附近 | yǒu
有 | yínháng
银行 | ma?
吗? | | nearby there is bank? |

2.
| | | | nǎ-r?
哪儿? | | where? |

| | | zài
在 | nǎ-r?
哪儿? | | at where? |

| zuì
最 | jìn
近 | de
的 | zài
在 | nǎ-r?
哪儿? | the nearest at where? |

3.
| | | | | shì
是 | is |

| | | | jiù
就 | shì
是 | just is |

| wǎng
往 | zuǒ
左 | guǎi
拐 | jiù
就 | shì
是 | toward left turn just is |

4.
| | | | fēn
分 | zhōng
钟 | minute |

| | | shí
十 | fēn
分 | zhōng
钟 | ten minute |

| | zǒu
走 | shí
十 | fēn
分 | zhōng
钟 | walk ten minute |

| dàyuē
大约 | zǒu
走 | shí
十 | fēn
分 | zhōng
钟 | approximately walk ten minute |

Exercise

1. Make a phrase by combining two of the following words:

1. 银行   yínháng
2. 最近的   zuì jìn de
3. 附近的   fù jìn de
4. 有   yǒu
5. 往…拐   wǎng... guǎi
6. 左   zuǒ

2. Complete the following sentences by filling in missing words:

1. 请问，_____ 有   银行   吗？
   Qǐngwèn, _____ yǒu   yínháng   ma?

2. 最 近 的   银行   在 哪儿 ？
   Zuì jìn de   yínháng   zài _____ ?

3. 往 _____ 拐   就   是   银行。
   Wǎng _____ guǎi jiù   shì   yínháng.

4. 大约   走   十 _____ 。
   Dàyuē   zǒu   shí _____ .

5. 没 _____ ， 应该   的 。
   Méi _____ ,   yīnggāi   de.

3. Make a new sentence by using the substitute words given:

1. 请问，_____ 在 哪儿 ？
   Qǐngwèn, _____ zài nǎ-r?

   a. 邮局   yóu jú
   b. 餐馆儿   cānguǎn-r
   c. 厕所   cèsuǒ

2. 附近   有 _____ 吗 ？
   Fùjìn   yǒu _____ ma?

   a. 公用 电话   gōngyòng diànhuà
   b. 出租 车站   chūzū chēzhàn
   c. 地铁   dìtiě

3. 最　近　的 ＿＿＿＿＿ 在　哪　儿 ？
   Zuì jìn de ＿＿＿＿＿ zài nǎ-r?

   a. 邮局　　　　　　 yóu jú
   b. 图书馆　　　　　 túshūguǎn
   c. 报亭儿　　　　　 bàotíng-r (news stand)

4. 一直　　走 ， 再　　往 ＿＿＿＿＿ 拐 。
   Yìzhí zǒu, zài wǎng ＿＿＿＿＿ guǎi.

   a. 左　　　　　　　 zuǒ
   b. 右　　　　　　　 yòu

5. 大约　　走 ＿＿＿＿＿ 。
   Dàyuē zǒu ＿＿＿＿＿ .

   1. 十　分钟　　　　 shí fēnzhōng
   2. 半　个　小时　　 bàn ge xiǎoshí
   3. 一　个　钟头　　 yí ge zhōngtóu

4. Translate the following sentences:

1. 附近 没有 银行 。　　　　　Fù jìn méiyǒu yínháng.
2. 去 最近 的 银行 要 走 十 分钟 。　Qù zuì jìn de yínháng yào zǒu
   　　　　　　　　　　　　　　　　shí fēnzhōng.
3. 大约 走 十五 分钟 。　　　　Dàyuē zǒu shíwǔ fēnzhōng.
4. 往 右 拐 是 图书馆 。　　　　Wǎng yòu guǎi shì túshūguǎn.
5. 往 左 走 是 餐馆儿 。　　　　Wǎng zuǒ zǒu shì cānguǎn-r.
6. 一直 走 ， 不 拐弯儿 。　　　Yìzhí zǒu, bù guǎiwān-r.
7. 格林 先生 不 知道 银行 在 哪儿 。　Gélín xiānsheng bù zhīdao
   　　　　　　　　　　　　　　　　yínháng zài nǎ-r.
8. 格林 先生 谢 了 那 个 女人 。　Gélín xiānsheng xiè le nà ge nǚrén.

5. Dialogue:

1. A: 请问 ， 附近 有 银行 吗 ？
   B: 没有 。
   A: 最近 的 银行 在 哪儿 ？
   B: 最近 的 银行 要 走 十 分钟 。 不 拐弯儿 ， 一直 走 。

   A: Qǐngwèn, fù jìn yǒu yínháng ma?
   B: Méiyǒu.

A: Zuì jìn de yínháng zài nǎ-r?

B: Zuì jìn de yínháng yào zǒu shí fēnzhōng. Bù guǎiwān-r, yìzhí zǒu.

2. A: 劳驾，去 餐馆儿 怎么 走？

   B: 一直 走，再 往 右 拐。

   A: 大约 走 多长 时间？

   B: 半 个 钟头。

   A: Láo jià, qù cānguǎn-r zěnme zǒu?

   B: Yìzhí zǒu, zài wǎng yòu guǎi.

   A: Dàyuē zǒu duōcháng shí jiān?

   B: Bàn ge zhōng tóu.

3. A: 最近 的 公用 电话 在 哪儿？

   B: 在 那儿。

   A: 是 用卡 的，还是 投币 的？

   B: 对不起，我 不 知道。

   A: 没关系。

   A: Zuì jìn de gōngyòng diànhuà zài nǎ-r?

   B: Zài nà-r.

   A: Shì yòngkǎ de, háishì tóubì de?

   B: Duìbùqì, wǒ bù zhīdào.

   A: Méi guānxi.

5. A: 劳驾，请问 银行 远 不 远？

   B: 不 太 远。

   A: 得 走 多 长 时间？

   B: 大约 走 五 分钟。

   A: Láo jià, Qǐngwèn, yínháng yuǎn bu yuǎn?

   B: Bú tài yuǎn.

   A: Děi zǒu duōcháng shí jiān?

   B: Dàyuē zǒu wǔ fēnzhōng.

New words for exercises

1.	餐馆儿	cānguǎn-r	restaurant
2.	厕所	cèsuǒ	toilet
3.	公用	gōngyòng	public used
4.	出租车站	chūzū chēzhàn	taxi station
5.	地铁	dìtiě	underground
6.	图书馆	túshūguǎn	library
7.	报亭儿	bàotíng-r	newsagent
8.	右	yòu	right
9.	半	bàn	half
10.	钟头	zhōngtóu	hour
11.	拐弯儿	guǎiwān-r	turn *lit.* turn bend
12.	用卡的 (电话)	yòng kǎ de	card phone *lit.* use card phone
13.	投币的 (电话)	tóu bì de	coin phone *lit.* throw coin phone

Taking a Taxi

Mr. Green is on a street and has waved down a taxi.

司机：您 去 哪儿？

格林：去 美国 使馆。

司机：上车 吧。

格林：请 开 快 点儿，我 要 晚 了。

司机：没 问题。

……

格林：多少 钱？

司机：25 块。

格林：给 您！甭 找 了。

Sījī　：Nín qù nǎ-r?

Gélín　：Qù Měiguó shǐguǎn.

Sījī　：Shàngchē ba.

Gélín　：Qǐng kāi kuài diǎn-r, wǒ yào wǎn le.

Sījī　：Méi wèntí.

… …

Gélín　：Duōshao qián?

Sījī　：Èrshí wǔ kuài.

Gélín　：Gěi nín, béng zhǎo le.

Driver: Where do you intend to go?

Green : Go to (the) American Embassy.

Driver: Get on in please.

Green : Could you drive faster, I am going to be late.

Driver: No problem.

... ...

Green : How much?

Driver: 25 *kuai*.

Green : Here is the money, keep the change please.

New words

1.	美国 使馆	Měiguó shǐguǎn	The America Embassy
2.	上车	shàngchē	get on *lit.* get on car.
3.	开	kāi	to drive
4.	快	kuài	quick, fast
5.	要	yào	to be going to
6.	晚	wǎn	late
7.	问题	wèntí	problem, question
8.	钱	qián	money
9.	块	kuài	unit for Chinese currency
10.	给	gěi	to give
11.	甭	béng	*don't need -* the combination of two characters 不 not and 用 need.
12.	找	zhǎo	give back (the change), look for

Grammar

1. 开 快 点儿   kāi kuài diǎn-r

Drive faster (than this).   *lit.* drive fast a little. You also can say 开 快
一 点 儿 kāi kuài yì diǎn-r. 一 yī has been omitted. There are many
expressions as such in Chinese. Here are a few more examples:

1. 吃   慢   点儿。
    chī   màn   diǎn-r.
    Eat   slowly   a little
    Eat slowly a little please.

2. 走   快   点儿。
    Zǒu   kuài   diǎn-r.
    walk   fast   a little
    Walk fast a little please.

3. 喝   慢   点儿。
    Hē   màn   diǎn-r.
    drink   slowly   a little
    Drink slowly a little please.

2. 要   yào

Going (to be).   Here are more examples:

1. 我   要   走   了。
    Wǒ   <u>yào</u>   zǒu   le.
    I   am going (to)   leave.

2. 我   要   回家   了。
    Wǒ   <u>yào</u>   huíjiā   le.
    I   am going   home.

3. 我   要   出国   了。
    Wǒ   <u>yào</u>   chūguó   le.
    I   am going   abroad.

Note the difference between this usage and the one in which 要 yào means want. It's often used with 想 xiǎng together. For example:

1. 我　　想　　要　　你的　名片　。
   Wǒ　<u>xiǎng</u>　<u>yào</u>　nǐde　míngpiàn.
   I　　want　　　　your　business card.

2. 我　　想　　要　　一　　支　　笔　。
   Wǒ　<u>xiǎng</u>　<u>yào</u>　yī　　zhī　　bǐ.
   I　　want　　　　a　　　　　　pen.

3. 我　　想　　要　　吃　　中国　　　菜　。
   Wǒ　<u>xiǎng</u>　<u>yào</u>　chī　Zhōngguó　cài.
   I　　want (to)　eat　Chinese　　dish.

Notes

1. 使馆　shǐguǎn

Embassy.　Abbreviation for 大使馆 dàshǐ guǎn.　*lit.* ambassador building.

2. 找　zhǎo

To give (back).　Here are more examples:

1. 找　　　　零钱
   zhǎo　　　língqián
   give (back)　the changes

2. 找　　　　我　　钱
   zhǎo　　　wǒ　　qián
   give (back)　me　　the changes

Key sentence construction

1.
			diǎn-r	a little
			点 儿	
		kuài	diǎn-r	fast a little
		快	点 儿	
	kāi	kuài	diǎn-r	drive fast a little
	开	快	点 儿	
qǐng	kāi	kuài	diǎn-r	please drive fast a little
请	开	快	点 儿	

2.
			le	particle
			了	
		wǎn	le	late
		晚	了	
	yào	wǎn	le	going to be late
	要	晚	了	
wǒ	yào	wǎn	le	I going to be late
我	要	晚	了	

3.
		le	particle
		了	
	zhǎo	le	give back
	找	了	
béng	zhǎo	le	don't give back
甭	找	了	

Exercise

1. Make a phrase by combining two of the following words:

1. 去   qù
2. 哪儿   nǎ-r
3. 一点儿   yìdiǎn-r
4. 快   kuài
5. 晚 了   wǎn le
6. 要   yào
7. 找 了   zhǎo le

8. 甭   béng

2. Complete the following sentences by filling in missing words:

1. 您 去 _____ ?
   Nín qù _____ ?

2. 请   上   _____ 吧 。
   Qǐng   shàng _____ ba.

3. 请   开   快   _____ 。
   Qǐng   kāi   kuài _____ .

4. 多 少   _____ ?
   Duōshao _____ ?

5. 甭   _____ 了 。
   béng _____ le .

3. Make a new sentence by using the substitute words given:

1. 您 _____ 哪儿 ?
   Nín _____ nǎ-r?

   a. 去   qù
   b. 上   shàng
   c. 想上   xiǎng shàng

2. 我 去 _____ 。
   Wǒ qù _____ .

   a. 天安门   Tiān'ānmén
   b. 火车站   huǒchē zhàn
   c. 机场   jīchǎng

3. _____ 车 吧 。
   _____ chē ba.

   a. 上   shàng
   b. 下   xià
   c. 快点上   kuài diǎn-r shàng

4. 请 快 _____ 一点儿 。
   Qǐng kāi _____ yìdiǎn-r.

    a. 快   kuài

    b. 慢   màn

    c. 稳   wěn

5. 我 要 _____ 了 。

   Wǒ yào _____ le.

    a. 晚   wǎn

    b. 迟到   chídào

    c. 关门儿   guānmén-r

6. _____ 块 钱 。

   _____ kuài qián.

    a. 一百   100   yì bǎi

    b. 一千   1,000   yì qiān

    c. 一万   10,000   yí wàn

7. 甭 _____ 了 。

   Béng _____ le.

    a. 找   zhǎo

    b. 算   suàn

    c. 吃   chī

4. Translate the following sentences:

1. 格林 先生 要 坐 出租 车 。   Gélín xiānsheng yào zuò chūzū chē.

2. 他 要 去 北京 IT 公司 。   Tā yào qù Běijīng IT Gōngsī.

3. 他 要 司机 开 快 点儿 ，他 要 晚 了 。   Tā yào sī jī kāi kuài diǎn-r, tā yào wǎn le.

4. 格林 先生 给 那 个 司机 三十 块 钱 。   Gélín xiānsheng gěi nà/nèi ge sī jī sānshí kuài qián.

5. 他 告诉 司机 不用 找 钱 了 。   Tā gàosù sī jī bú yòng zhǎo qián le.

6. 人民币 是 中国 通货 的 名称 。   Rénmínbì shì Zhōngguó tōnghuò de míngchēng.

7. "￥" 是 人民 币 符号 儿 。   "￥" shì Rénmínbì fúhào-r.

8. "块" 就是 "圆" 。"块" 用 在 口语 中 。   "Kuài" jiù shì "yuán". "Kuài" yòng zài kǒuyǔ zhōng.

5. Dialogue:

1. A: 您 去 哪儿？

   B: 我 去 王府井儿。

   A: 上车 吧。

   B: 好。

   A: Nín qù nǎ-r?

   B: Wǒ qù Wángfǔ jǐng-r.

   A: Shàngchē ba.

   B: Hǎo.

2. A: "出租！"

   B: 上来 吧，去 哪儿？

   A: 去 北京 IT 公司，请 开 快 点儿，我 要 晚 了。

   B: 好，没 问题。

   A: "Chūzū!"

   B: Shànglái ba, qù nǎ-r?

   A: Qù Běijīng IT GōngSī, qǐng kāi kuài diǎn-r, wǒ yào wǎn le.

   B: Hǎo, méi wèntí.

3. A: 到 了。

   B: 给，这是 三十 块。

   A: 等 会儿，是 三十一 块，还 少 一 块 呢。

   B: 噢，对不起。

   A: 这 回 对 了。

   A: Dào le.

   B: Gěi, zhè shì sānshí kuài.

   A: Děng huì-r, shì sānshí yī kuài, hái shǎo yí kuài ne.

   B: Ào, duìbùqǐ.

   A: Zhè huí duì le.

4. A: 我 应该 说 一 "块" 还是 一 "圆"？

   B: "块" 就是 "圆"。

A: 是 吗？

B: 对，说 一 "块"，一 "圆" 都 对。

A: Wǒ yīnggāi shuō yí "kuài", háishì yì "yuán"?

B: "kuài" jiù shì "yuán"?

A: Shì ma?

B: Duì, shuō yí "kuài", yì "yuán" dōu duì.

New words for exercises

1.	天安门	Tiān'ānmén	Tian'anmen Square
2.	火车站	huǒchē zhàn	train station, railway station
3.	上	shàng	to go
4.	机场	jīchǎng	airport
5.	快	kuài	quick
6.	慢	màn	slow
7.	稳	wěn	steady
8.	下车	xiàchē	get off
9.	迟到	chídào	be late
10.	关门儿	guānmén-r	close the door
11.	算	suàn	to account
12.	吃	chī	to eat
13.	晚	wǎn	late
14.	出租车	chūzū chē	taxi
15.	因为	yīnwèi	because
16.	人民币	Rénmínbì	the name for Chinese currency
17.	中国	Zhōngguó	China
18.	通货	tōnghuò	currency
19.	名称	míngchēng	name
20.	符号	fúhào-r	symbol

21.	口语	kǒuyǔ	spoken language
22.	在…中	zài...zhōng	in...
23.	王府井	Wángfǔjǐng	name of a commercial street in Beijing
24.	问题	wèntí	question, problem
25.	等	děng	wait
26.	少	shǎo	little
27.	回	huí	to return, this time
28.	应该	yīnggāi	should
29.	对	duì	right
30.	听说	tīngshuō	heard (someone) saying (something)

Going by Public Transport

Mr. Green is going to an IT company. He has to take a bus.

格林：请问，到 北京 IT 公司 怎么 走？

男人：噢，天呐，那 可 远 了。

格林：能 坐车 去 吗？

男人：你 还 真 得 坐车 去。

格林：坐 几 路？

男人：坐 20 路 公共 汽车，然后 再 倒 地铁。

格林：谢谢 你！

Gélín   : Qǐngwèn, dào Běijīng IT Gōngsī zěnme zǒu?

Nánrén : Ào, tiān na, nà kě yuǎn le.

Gélín   : Néng zuòchē qù ma?

Nánrén : Nǐ hái zhēn děi zuòchē qù.

Gélín   : Zuò jǐ lù?

Nánrén : Zuò èrshí lù gōnggòng qìchē, ránhòu zài dǎo dìtiě.

Gélín   : Xièxie nǐ!

Green : Excuse me, how could I reach Beijing IT Company?

Man   : Oh, goodness me, that is really far way.

Green : Can I take (any form of) transport?

Man   : You really have to take a bus.

Green : Which one?

Man   : Route No. 20 bus, and then change for the train.

Green : Thank you!

New words

1. 到   dào   to reach, to go
2. IT 公司   IT gōngsī   IT company
3. 怎么   zěnme   how
4. 到…怎么走   dào...zěnme zǒu   how could I reach ...? *lit.* go ... how walk
5. 男人   nánrén   man
6. 天   tiān   heaven, God
7. 呐   na   function word
8. 可   kě   indicates emphasis
9. 远   yuǎn   far
10. 能   néng   can, be able to
11. 坐车   zuòchē   by transport
12. 路   lù   road, route
13. 公共 汽车   gōnggòng qìchē   bus   *lit.* public petrol vehicle
14. 真   zhēn   really
15. 倒   dǎo   to change
16. 地铁   dìtiě   underground

Notes

1. 那 可 nà kě

These two words are usually used together to indicate emphasis. Here are a few examples:

1. 那 可 不 近
   nà kě bù jìn
         not close

2. 那 可 不 好
   nà kě bù hǎo
         not good

3. 那 可 不 对
   nà kě bú duì
         not right

2. 车 chē

A general word for all type of vehicle. Here are more examples:

汽车	qìchē	bus	*lit.* petrol vehicle
小 汽车	xiǎo qìchē	car	*lit.* small petrol vehicle
大 卡车	dà kǎchē	track	*lit.* big vehicle
火车	huǒchē	train	*lit.* fire vehicle
公共 汽车	gōnggòng qìchē	bus	*lit.* public petrol vehicle
自行车	zìxíngchē	bicycle	*lit.* self move vehicle
马车	mǎchē	wagon	*lit.* horse vehicle
三轮车	sānlúnchē	tricycle	*lit.* three wheeled vehicle

3. 20 路 车 èrshí lù chē

Route No. 20 bus. 路 lù *lit.* road.

Key sentence construction

1.

| | | | | zǒu | walk |
| | | | | 走 | |

| | | | zěnme | zǒu | how walk |
| | | | 怎么 | 走 | |

| dào | IT | gōngsī | zěnme | zǒu | reach IT company how walk |
| 到 | IT | 公司 | 怎么 | 走 | |

2.

| | | | | ma | (question mark) |
| | | | | 吗 | |

| | | | qù | ma | go |
| | | | 去 | 吗 | |

| | | zuòchē | qù | ma | take transport go |
| | | 坐车 | 去 | 吗 | |

| | néng | zuòchē | qù | ma | can take transport go |
| | 能 | 坐车 | 去 | 吗 | |

3.

| | | | | | qù | go |
| | | | | | 去 | |

| | | | | zuòchē | qù | take transport go |
| | | | | 坐车 | 去 | |

| | | | děi | zuòchē | qù | must take transport go |
| | | | 得 | 坐车 | 去 | |

| | | zhēn | děi | zuòchē | qù | really must take transport go |
| | | 真 | 得 | 坐车 | 去 | |

| | hái | zhēn | děi | zuòchē | qù | do really must take transport go |
| | 还 | 真 | 得 | 坐车 | 去 | |

| nǐ | hái | zhēn | děi | zuòchē | qù | you do really must take transport go |
| 你 | 还 | 真 | 得 | 坐车 | 去 | |

4.

| | | | | qìchē | petrol vehicle |
| | | | | 汽车 | |

| | | | gōnggòng | qìchē | public petrol vehicle |
| | | | 公共 | 汽车 | |

| | èrshí | lù | gōnggòng | qìchē | 20 route public petrol vehicle |
| | 20 | 路 | 公共 | 汽车 | |

| zuò | èrshí | lù | gōnggòng | qìchē | sit 20 route public petrol vehicle |
| 坐 | 20 | 路 | 公共 | 汽车 | |

Exercise

1. Make a phrase by combining any two or three of the following words:

1. 公司   gōngsī
2. 去   qù
3. 坐车   zuòchē
4. 几   jǐ
5. 路   lù
6. 汽车   qìchē
7. 公共   gōnggòng

2. Complete the following sentences by filling in the missing words:

1. 请问 ，到 _____ 怎么   走 ？
   Qǐngwèn, dào _____ zěnme   zǒu?

2. 那 可 _____ 了 。
   Nà kě _____ le.

3. 你 还   真   得 _____ 去 。
   Nǐ hái zhēn děi _____ qù.

4. 坐 _____ 车 ？
   Zuò_____ chē?

5. 再 _____ 地铁 。
   Zài _____ dìtiě.

3. Make a new sentence by using the substitute words given:

1. 请问 ，到 _____ 怎么   走 ？
   Qǐngwèn, dào _____ zěnme   zǒu?

   a. 天安门   Tiān'ānmén
   b. 颐和园   Yíhéyuán
   c. 天坛 公园   Tiāntán Gōngyuán

2. 能 _____ 去 吗 ？
   Néng _____ qù ma?

   a. 坐 公共 汽车   zuò gōnggòng qìchē

b. 坐 火 车　　zuò huǒchē
c. 坐 地 铁　　zuò dìtiě
d. 骑 自行车　　qí zìxíngchē
e. 乘 飞 机　　chéng fēijī
f. 坐 轮 船　　zuò lúnchuán
g. 坐 车　　zuòchē
h. 坐 电 车　　zuò diànchē

3. 你 还 真 得 _____ 去。
Nǐ hái zhēn děi _____ qù.

a. 坐 汽 车　　zuò qìchē
b. 坐 火 车　　zuò huǒchē
c. 坐 轮 船　　zuò lúnchuán
d. 坐 车　　zuòchē
e. 坐 出 租　　zuò chūzū
f. 打 的　　dǎdī
g. 跑 着　　pǎo zhe

4. 我 得 坐 _____ 车 ？
Wǒ děi zuò _____ chē?

a. 什 么　　shénme
b. 几 路　　jǐ lù

5. 我 能 不 能 倒 _____ ？
Wǒ néng bu néng dǎo _____ ?

a. 地 铁　　dìtiě
b. 火 车　　huǒchē
c. 公 共 汽 车　　gōnggòng qìchē

4. Translate the following sentences:

1. 到 天坛 公园 得 坐车 去。　Dào Tiāntán Gōngyuán děi zuòchē qù.
2. 你 骑车 去 吧 ， 能 快 点儿 。　Nǐ qíchē qù ba, néng kuài diǎn-r.
3. 我 得 坐 火车 去。　Wǒ děi zuò huǒchē qù.
4. 请问 ， 坐 几 路 车 ？　Qǐngwèn, zuò jǐ lù chē?
5. 请问 ， 坐 什么 车 ？　Qǐngwèn, zuò shénme chē?
6. 不 坐 车 去 行 不 行 ？　Bú zuòchē qù xíng bu xíng?
7. 天 呐 ， 那 可 远 了 。　Tiān na, nà kě yuǎn le.
8. 请问 ， 到 天安门 怎么 走 ？　Qǐngwèn, dào Tiān'ānmén zěnme zǒu?

5. Dialogue:

1. A: 请问，到 天安门 怎么 走？

   B: 一直 走，不 远。

   A: 大约 走 几 分钟？

   B: 五 分钟。

   A: 谢谢。

   B: 不 谢。

   A: Qǐngwèn, dào Tiān'ānmén zěnme zǒu?

   B: Yìzhí zǒu, bù yuǎn.

   A: Dà yuē zǒu jǐ fēnzhōng?

   B: Wǔ fēnzhōng.

   A: Xièxie.

   B: Bú xiè.

2. A: 请问，到 北京 IT 公司 怎么 走？

   B: 你 得 坐车 去。

   A: 坐 什么 车？

   B: 坐 六路 电车。

   A: 好，多 谢。

   A: Qǐngwèn, dào Běijīng IT Gōngsī zěnme zǒu?

   B: Nǐ děi zuòchē qù.

   A: Zuò shénme chē?

   B: Zuǒ liù lù diànchē.

   A: Hǎo, duō xiè.

3. A: 请问，颐和园 在 哪儿？

   B: 噢，很远。

   A: 我 得 怎么 去？

   B: 打 的 吧。能 快 点儿。

   A: 骑车 去 得 多长 时间？

   B: 得 小 半天儿。

   A: 好，那 就 打的。谢谢。

B: 不 客 气。

A: Qǐngwèn, Yíhéyuán zài nǎ-r?

B: Ào, hěnyuǎn.

A: Wǒ děi zěnme qù?

B: Dǎdī ba, néng kuài diǎn-r.

A: Qíchē qù děi duōcháng shíjiān?

B: Děi xiǎo bàntiān-r.

A: Hǎo, nà jiù dǎdī. Xièxie.

B: Bú kèqi.

4. A: 劳 驾，我 能 骑 车 去 天 安 门 吗？

B: 能，不 远，十 分 钟 就 到。

A: 我 能 坐 车 去 吗？

B: 也 行，十 五 分 钟 吧。

A: 多 谢。

A: Láojià, wǒ néng qíchē qù Tiān'ānmén ma?

B: Néng, bù yuǎn, shí fēnzhōng jiù dào.

A: Wǒ néng zuòchē qù ma?

B: Yě xíng, shíwǔ fēnzhōng ba.

A: Duō xiè.

New words for exercises

1. 天安门	Tiān'ānmén	Tian'anmen Square
2. 颐和园	Yíhéyuán	the Summer Palace
3. 天坛公园	Tiāntán gōngyuán	the Temple of Heaven
4. 骑	qí	to ride
5. 乘	chéng	to take
6. 轮船	lúnchuán	ship, ferry
7. 电车	diànchē	tram *lit.* electric vehicle
8. 打的	dǎdī	take a taxi (adopted from Hong Kong)

9. 跑着	pǎo zhe	by running. *zhe* here indicates by what means
10. 另一个	lìng yí gè	another
11. 客气	kèqi	polite. <u>Bú kèqi</u> means not at all, used to answer <u>Xièxie</u>.
12. 行	xíng	it'll do.

Lesson 14

Changing Money

Mr. Green only has American Dollars, so he needs some *Renminbi*. Here he is in a bank.

职员：您好！

格林：您好！我想换点人民币。

职员：您用什么换？

格林：美元。今天兑换率是多少？

职员：1：8.6。1美元换8.6圆人民币。您换多少？

格林：我有1,000美元。

职员：能换8,600块人民币。

Zhíyuán : Nín hǎo!

Gélín   : Nín hǎo! Wǒ xiǎng huàn diǎn-r Rénmínbì.

Zhíyuán : Nín yǒng shénme huàn?

Gélín   : Měiyuán. Jīntiān duìhuàn lù shì duōshao?

Zhíyuán : Yī bǐ bā diǎn-r liù. Yì Měiyuán huàn bā diǎn-r liù yuán Rénmínbì.
          Nín huàn duōshao?

Gélín   : Wǒ yǒu yì qiān Měiyuán.

Zhíyuán : Néng huàn bā qiān liù bǎi kuài Rénmínbì.

Clerk : How do you do?

Green : How do you do? I want to exchange some *Renminbi*.

Clerk : What currency have you got?

Green : America Dollars. What's the exchange rate for today?

Clerk : 1: 8.6. One Dollar for 8.6 *Renminbi*. How much do you want?

Green : I have 1, 000 U.S. Dollars.

Clerk : You'll get 8,600 *kuai Renminbi*.

New words

1. 换	huàn	exchange
2. 人民	rénmín	people
3. 人民币	Rénmínbì	name of Chinese currency *lit.* people's currency
4. 美元	Měiyuán	America Dollar
5. 兑换	duìhuàn	exchange
6. 率	lù	rate
7. 比	bǐ	comparitive particle, indicates a ratio

Notes

1. 我 想 换 点儿 人民币   wǒ xiǎng huàn diǎn-r Rénmínbì

This is a sentence with ambiguous meaning. It could mean:

  a) I want to get *Renminbi* or
  b) I want to exchange some other currency into *Renminbi*.

So the bank clerk is not sure what does Mr. Green mean, therefore asked further.

2. 今天 兑换 率 是 多少？   jīntiān duìhuàn lù shì duōshao?

The full sentence is: Jīntiān Měiyuán hé Rénmínbì de duìhuàn lù shì duōshao?

---

3. 8,600　bā qiān liǔ bǎi.

In China, three set of number are used in bank:

1. Arabic:　　　　　　　　0　1　2　3　4　5　6　7　8　9　10
2. Chinese character:　零　一　二　三　四　五　六　七　八　九　十
3. Capital Chinese:　　零　壹　貳　叁　肆　伍　陆　柒　捌　玖　拾

Expressions for numbers:

1. decimal numbers:　8.6 is read as bā diǎn-r liù.
2. fractions:　　　　1/3 is read as sān fēn zhī yī.　三分之一
　　　　　　　　　　1⅓ is read as yī yòu sān fēn zhī yī　一又三分之一

Key sentence construction

1.
				Rénmínbì 人民币	people currency
			diǎn-r 点儿	Rénmínbì 人民币	a little people currency
		huàn 换	diǎn-r 点儿	Rénmínbì 人民币	exchange a little people currency
	xiǎng 想	huàn 换	diǎn-r 点儿	Rénmínbì 人民币	want exchange a little people currency
wǒ 我	xiǎng 想	huàn 换	diǎn-r 点儿	Rénmínbì 人民币	I want exchange a little people currency

2.
		huàn 换	exchange
	yòng shénme 用 什么	huàn 换	use what exchange
nín 您	yòng shénme 用 什么	huàn 换	you use what exchange

3.
| | duō shao
多 少 | how much |
| shì
是 | duō shao
多 少 | is how much |

| duì huàn lǜ shì duōshao | exchange rate is how much |
| 兑 换 率 是 多少 | |

jīn tiān de duì huàn lǜ shì duōshao   today exchange rate is how much
今 天 的 兑 换 率 是 多少

4.   Rénmínbì   people currency
                   人民币

     bā diǎn-r liù   Rénmínbì   8.60 people currency
       8.60   人民币

  huàn bā diǎn-r liù   Rénmínbì   exchange 8.60 people currency
  换   8.60   人民币

Yì Měiyuán huàn bā diǎn-r liù   Rénmínbì   one dollar exchange 8.60 people currency
一 美元 换   8.60   人民币

Exercise

1. Make a phrase by combining two of the following words:

1. 人民币   Rénmínbì
2. 换   huàn
3. 兑换率   duìhuàn lǜ
4. 今天的   jīntiān de
5. 是   shì
6. 多少   duōshao

2. Complete the following sentences by filling in missing words:

1. 我 想 _____ 人民币。
   Wǒ xiǎng _____ Rénmínbì.

2. 您 _____ 什么 换？
   Nín _____ shénme huàn?

3. 今天 的 _____ 是 多少？
   Jīntiān de _____ shì duōshao

4. 一 _____ 能 换 多少 人民币？
   Yì _____ néng huàn duōshao Rénmínbì?

5. 我 想 _____ 英镑 换 _____。
   Wǒ xiǎng _____ Yīngbàng huàn _____.

3. **Make a new sentence by using the substitute words given:**

1. 我 想 换 _____。

   Wǒ xiǎng huàn _____.

   a. 人民币   Rénmínbì
   b. 欧圆   Ōuyuán
   c. 美元   Měiyuán
   d. 英镑   Yīngbàng
   e. 日元   Rìyuán
   f. 港币   Gǎngbì
   g. 澳大利亚 圆   Àodàlìyà yuán
   h. 瑞典 克朗   Ruìdiǎn kèlǎng
   i. 瑞士 法郎   Ruìshì fǎláng

2. 您 用 _____ 换   吗 ?

   Nín yòng _____ huàn   ma?

   a. 新加坡 圆   Xīn jiāpō yuán
   b. 欧圆   Ōuyuán
   c. 日元   Rìyuán

3. 今天   的   兑换   率   是 _____。

   Jīntiān de   duìhuàn   lǜ   shì _____.

   a. 1 : 50
   b. 1 : 100
   c. 1 : 1, 000

4. 能   换   86,000 _____。

   Néng   huàn 86, 000 _____.

   a. 人民币   Rénmínbì
   b. 澳大利亚 圆   Àodàlìyà yuán
   c. 港币   Gǎngbì

4. **Translate the following sentences:**

1. 格林 先生 想 换 点儿 人民币。   Gélín xiānsheng xiǎng huàn diǎn-r Rénmínbì.

2. 他 有 一 千 美元。   Tā yǒu yì qiān Měiyuán.

3. 二 百 六 十 七 欧圆 能 换 多少 人民币 ? Èr bǎi liù shí qī Ōuyuán néng huàn duōshao Rénmínbì?

4. 今天 美元 和 人民币 的 兑换
   率 是 1：9.00。

5. 格林 先生 用 欧圆 换 了 15,000
   块人民币。

Jīntiān Měiyuán hé Rénmínbì
de duì huàn lǜ shì yī bǐ jiǔ.
Gélín xiānsheng yòng
Ōuyuán huàn le yí wàn
wǔqiān kuài Rénmínbì.

5. Dialogue:

1. A: 美元和人民币的兑换率是多少？

   B: 是 1：8。

   A: 我换 500 美元。

   B: 好。

   A: Měiyuán hé Rénmínbì de duìhuàn lǜ shì duōshao?

   B: Shì yī bǐ bā.

   A: Wǒ huàn wǔ bǎi Měiyuán.

   B: Hǎo.

2. A: 我 想 换 900 块 人民币。

   B: 您 用 什么 换？

   A: 用 美元 换 得 多少？

   B: 得 100 美元。

   A: 用 日元 换 得 多少？

   B: 大约 900 左右。

   A: 好，我 用 日元 换。

   A: Wǒ xiǎng huàn jiǔ bǎi kuài Rénmínbì.

   B: Nín yòng shénme huàn?

   A: Yòng Měiyuán huàn děi duōshao?

   B: Děi yì bǎi Měiyuán.

   A: Yòng Rìyuán huàn děi duōshao?

   B: Dàyuē jiǔbǎi zuǒyòu.

   A: Hǎo, wǒ yòng Rìyuán huàn.

3. A: 今 天 1 美 元 能 换 多 少 人 民 币？

   B: 1 个 美 元 今 天 能 换 8 块 人 民 币。

   A: 人 民 币 是 涨 了 还 是 跌 了？

   B: 稳 定， 没 涨 也 没 跌。

   A: 我 先 少 换 点 儿。

   B: 换 多 少？

   A: 换 100 美 元 吧。

   B: 好， 欢 迎 再 来。

   A: Jīntiān yì Měiyuán néng huàn duōshao Rénmínbì?

   B: Yí ge Měiyuán jīntiān néng huàn bā kuài Rénmínbì.

   A: Rénmínbì shì zhǎng le, háishì diē le?

   B: Wěndìng, méi zhǎng yě méi diē.

   A: Wǒ xiān shǎo huàn diǎn-r.

   B: Huàn duōshao?

   A: Huàn yì bǎi Měiyuán ba.

   B: Hǎo. Huānyíng zài lái.

New words for exercises

1.	人民币	Rénmínbì	Chinese currency
2.	欧圆	Ōuyuán	Euro
3.	美元	Měiyuán	American Dollar
4.	英镑	Yīngbàng	British Sterling
5.	日元	Rìyuán	Japanese Yen
6.	港币	Gǎngbì	Hong Kong Dollar
7.	澳大利亚圆	Àodàlìyà yuán	Australia Dollar
8.	瑞典克朗	Ruìdiǎn kèlǎng	Swedish Kroner
9.	瑞士法郎	Ruìshì fǎláng	Swiss Francs
10.	新加坡圆	Xīnjiāpō yuán	Singapore Dollar
11.	涨	zhǎng	increase

12. 跌	diē	decrease
13. 稳定	wěndìng	steady
14. 欢迎	huānyíng	welcome

Lesson 15

Open an Account

Mr. Green opens a bank account to transfer money to China.

职员：您好！ 您怎么着？

格林：我想开个帐户。从美国转一笔帐过来。

职员：好，请填个单子。

……

格林：填好了。

职员：护照。

格林：我的？

职员：对，看看您的护照。

…… 好，可以了，下次见。

格林：再见。

wo neng wei ni zuo shenme
what can I do?

Wo neng bang nimang ma
How can I help you?

Zhíyuán : Nín hǎo! Nín zěnme zhāo?

Gélín : Wǒ xiǎng kāi ge zhànghù. Cóng Měiguó zhuǎn yì bǐ zhàng guòlai.

Zhíyuán : Hǎo, qǐng tián ge dānzi.

... ...

Gélín : Tián hǎo le.

Zhíyuán : Hùzhào.

Gélín : Wǒ de?

Zhíyuán : Duì, kànkan nín de hùzhào.

... ... Hǎo, kěyǐ le, xiàcì jiàn.

Gélín : Zàijiàn.

Clerk   : How do you do? How can I help you?

Green   : I would like to open an account and transfer a lump sum from the U.S.

Clerk   : OK! Please fill in this form for me.

... ...

Green   : It's done.

Clerk   : Passport please.

Green   : Mine?

Clerk   : Yes, that's right. I would like to have a look your passport please.

... ...   OK, that's fine, and see you next time.

Green   : Good-bye!

New words

1. 怎么着	zěnme zhāo	how can I help? *lit.* What do you want (me) to do?
2. 开	kāi	to open
3. 帐户	zhànghù	bank account
4. 笔	bǐ	measure word, a sum
5. 帐	zhàng	bill
6. 转…过来	zhuǎn... guòlái	transfer over
7. 填	tián	fill in
8. 单子	dānzi	form
9. 护照	hùzhào	passport
10. 可以	kěyǐ	may, it's OK (here)
11. 下次	xià cì	next time
12. 见	jiàn	to see

Grammar

1. 一笔　yì bǐ

A lump sum.   More measure words:

一 个 帐户	yí ge zhànghù	an account
一 笔 帐	yì bǐ zhàng	a sum of money
一 个 单子	yí ge dānzi	a form
一 本 护照	yì běn-r hùzhào	a passport

2. 填 好 了　tián hǎo le

Finished (filling in the form).   *lit.* filling finished. This is a typical structure of verb. + adj. The adj is a complementary information used to indicate the result of the action has been achieved. Here are more examples:

1.　　　喝　　醉
　　　　　hē　　<u>zuì</u>
　lit.　drink *drunk*
　　　　drunk

2.　　　喝　　完
　　　　　hē　　<u>wán</u>
　lit.　drink *finished*
　　　　finished drinking

3.　　　喝　　干
　　　　　hē　　<u>gān</u>
　lit.　drink *empty*
　　　　finished

Notes

1. 您 怎么 着   nín zěnme zhāo

What do you want (me) to do?   This is a rather casual sentence, note the tone of the sentence must by soft and gentle, when it's uttered.

Key sentence construction

1.
			zhànghù 帐户	account
		ge 个	zhànghù 帐户	one account
	kāi 开	ge 个	zhànghù 帐户	open one account
xiǎng 想	kāi 开	ge 个	zhànghù 帐户	want open one account
wǒ 我 xiǎng 想	kāi 开	ge 个	zhànghù 帐户	I want open one account

2.
			guòlai 过来	over
zhuǎn 转	yì 一	bǐ 笔	zhàng 帐	guòlai 过来	transfer a sum of money over
cóng Měiguó 从 美国	zhuǎn 转 yì 一	bǐ 笔	zhàng 帐	guòlai 过来	from U.S.A. transfer a sum of money over

3.
		dānzi 单子	form
	ge 个	dānzi 单子	a form
tián 填	ge 个	dānzi 单子	fill in a form
qǐng tián 请 填	ge 个	dānzi 单子	please fill in a form

4.
| | hùzhào 护照 | passport |

			nínde 您的	hùzhào 护照	yours passport
		kànkan 看看	nínde 您的	hùzhào 护照	look look yours passport
	xiǎng 想	kànkan 看看	nínde 您的	hùzhào 护照	want look look yours passport
wǒ 我	xiǎng 想	kànkan 看看	nínde 您的	hùzhào 护照	I want look look your passport

Exercise

1. Make a phrase by combining two of the following words:

1. 一个　yí ge
2. 帐户　zhànghù
3. 转　zhuǎn
4. 单子　dānzi
5. 过来　guòlai
6. 填个　tián ge
7. 看看　kànkan
8. 护照　hùzhào

2. Complete the following sentences by filling in missing words:

1. 我 想 开 _____。
   Wǒ xiǎng kāi _____.

2. 从 美国 _____ 一 笔 _____ 过来。
   Cóng Měiguó _____ yì bǐ _____ guòlai.

3. _____ 个 单子。
   _____ ge dānzi.

4. 看看 您的 _____。
   Kànkan nínde _____.

5. _____ 见。
   _____ jiàn.

3. Make a new sentence by using the substitute words given:

1. 您 _____ ?
   Nín _____ ?

   a. 有 什么 事 儿 ?   yǒu shénme shì-r?
   b. 要 我 帮忙 吗 ?   yào wǒ bāngmáng ma?
   c. 怎么 着 ?   zěnme zhāo?

2. 我 想 _____ 。
   Wǒ xiǎng _____ .

   a. 开 个 帐户   kāi ge zhànghù
   b. 换 一 笔 钱   huàn yì bǐ qián
   c. 换 500 美元   huàn wǔbǎi Měiyuán
   d. 存 笔 钱   cún bǐ qián
   e. 取 笔 钱 出来   qǔ bǐ qián chūlai
   f. 借 笔 钱   jiè bǐ qián

3. 从 美国 _____ 过来 。
   Cóng Měiguó _____ guòlai.

   a. 转 笔 帐   zhuǎn bǐ zhàng
   b. 转 笔 钱   zhuǎn bǐ qián
   c. 打 个 电话   dǎ ge diànhuà

4. 单子 填 _____ 了 。
   Dānzi tián _____ le.

   a. 好   hǎo
   b. 完   wán
   c. 得   dé

5. 我 想 看看 您 的 _____ 。
   Wǒ xiǎng kànkan nín de _____ .

   a. 护照   hùzhào
   b. 证件   zhèngjiàn
   c. 身份证   shēnfèn zhèng-r

4. Translate the following sentences:

1. 您 有 什么 事 儿 ?   Nín yǒu shénme shì-r?
2. 我 想 转 笔 帐 。   Wǒ xiǎng zhuǎn bǐ zhàng.

3. 我 想 开 个 帐 户。   Wǒ xiǎng kāi ge zhànghù.

4. 请 先 填 个 单 子。   Qǐng xiān tián ge dānzi.

5. 格林 先生 想 从 美国 转 笔 帐 过来。 Gélín xiānsheng xiǎng cóng Měiguó zhuǎn bǐ zhàng guòlai.

6. 银行 职员 想 看看 格林 先生 的 护照。 Yínháng zhíyuán xiǎng kànkan Gélín Xiānsheng de hùzhào.

7. 在 中国，去 银行 开 帐户 要 看 护照。 Zài Zhōngguó, qù yínháng kāi zhànghù yào kàn hùzhào.

8. 在 英国，去 银行 开 帐户 要 看 地址 证明 和 帐单 儿。 Zài Yīngguó, qù yínháng kāi zhànghù yào kàn dìzhǐ zhèngmíng hé zhàngdān-r.

5. Dialogue:

1. A: 您 怎么 着？

   B: 我 想 存 笔 钱。

   A: 好，请 填 个 单 子。

   B: 我 不 认识 汉字。

   A: 没 关系，我 帮 您 填。

   B: 谢 谢。

   A: Nín zěnme zhāo?

   B: Wǒ xiǎng cún bǐ qián.

   A: Hǎo, qǐng tián ge dānzi.

   B: Wǒ bú rènshi Hànzì.

   A: Méi guānxi, wǒ bāng nín tián.

   B: Xièxie.

2. A: 我 想 取 点儿 钱。

   B: 您 有 存折 吗？

   A: 有，在 这儿。

   B: 我 看看。

   A: 好，取 多少？

   B: 取 8,000 吧。

A: 好，您是取人民币，还是取美元？

B: 取人民币。

A: Wǒ xiǎng qǔ diǎn-r qián.

B: Nín yǒu cúnzhé ma?

A: Yǒu, zài zhè-r.

B: Wǒ kànkan.

A: Hǎo, qǔ duōshao?

B: Qǔ bā qiān ba.

A: Hǎo, nín shì qǔ Rénmínbì háishì qǔ Měiyuán?

B: Qǔ Rénmínbì.

3. A: 劳驾，我想转笔帐过来。

   B: 好，请问您的帐号？

   A: 什么帐号？

   B: 美国银行和中国银行的帐号。

      请您先填一下儿这个单子吧。

   A: 好。

      …填好了。

   B: 好。我看看。……一个星期以后这笔钱就到了。

   A: 好，谢谢。

   A: Láojià, wǒ xiǎng zhuǎn bǐ zhàng guòlai.

   B: Hǎo, qǐngwèn nínde zhànghào-r?

   A: Shénme zhànghào-r?

   B: Měiguó yínháng hé Zhōngguó yínháng de zhànghào-r.

      Qǐng nín xiān tián yíxià-r zhèi ge dānzi ba.

   A: Hǎo.

      ...... Tián hǎo le.

   B: Hǎo, wǒ kànkan. .... yí ge xīngqī yǐhòu zhèi bǐ qián jiù dào le.

   A: Hǎo, Xièxie.

New words for exercises

1.	帮忙	bāngmáng	to help *lit.* to help (when sb. is) busy
2.	存	cún	lodge (deposit)
3.	取	qǔ	take (out)
4.	出来	chūlái	out
5.	借	jiè	to borrow / to lend
6.	打 电话	dǎ diànhuà	make a phone call
7.	完	wán	finished
8.	得	déi	finished
9.	证件	zhèng jiàn	ID (prove - item)
10.	身份 证	shēnfèn zhèng-r	ID *lit.* status ID (full ID)
11.	证明	zhèngmíng	prove
12.	先	xiān	first
13.	帐单儿	zhàngdān-r	bill
14.	存折	cúnzhé	account book

Planning a Trip

Mr. Green is organising a trip to Shanghai.

格林	：	我打算下星期去上海。
丁女士	：	是吗？星期几走？
格林	：	周四走。和两个朋友一起去。
丁女士	：	票买了吗？
格林	：	还没呢，来得及，提前三天就能买到票。
丁女士	：	您可以打电话预订。
格林	：	是呀，可是，有些事儿还没办完。

Gélín	:	Wǒ dǎsuan xià xīngqī qù Shànghǎi.
Dīng nǔshì	:	Shì ma? Xīngqī jǐ zǒu?
Gélín	:	Zhōusì zǒu. Hé liǎngge péngyou yìqǐ qù.
Dīng nǔshì	:	Piào mǎi le ma?
Gélín	:	Hái méi ne, láidejí, tíqián sāntiān jiù néng mǎidào piào.
Dīng nǔshì	:	Nín kěyǐ dǎ diànhuà yùdìng.
Gélín	:	Shì a, kěshì, yǒuxiē shì-r hái méi bàn wán.

Green	:	I intend to go to Shanghai next week.
Ms. Ding	:	Really? Which day are you leaving?
Green	:	Next Thursday. I am going with two friends.
Ms. Ding	:	Have you got your ticket yet?

Green	:	Not yet, but I still have time. Tickets are still available three days beforehand.
Ms. Ding	:	You may reserve your ticket by telephone.
Green	:	Yeah, I know, but I still have a lot of things to do.

New words

1.	打算	dǎsuan	intend to
2.	上海	Shànghǎi	a city in southern China
3.	和…一起	hé...yìqǐ	with...together
4.	朋友	péngyou	friend
5.	买票	mǎi piào	buy ticket
6.	来得及	láide jí	still have time *lái buji' – no time*
7.	提前	tíqián	in advance
8.	可以	kěyǐ	may
9.	预订	yùdìng	book in advance
10.	有些	yǒu xiē	some
11.	办完	bàn wán	finish

Grammar

1. 我 打算 下 星期 去 上海 Wǒ dǎsuan xià xīngqī qù Shànghǎi

I intend to go to Shànghǎi next week.   The time word can be placed at the beginning of the sentence.

下 星期	我	打算	去	上海。
Xià xīngqī	wǒ	dǎsuan	qù	Shànghǎi.

2. 和⋯一起　hé... yìqǐ

With someone together. This is a fixed expression. More examples:

1. 和　　朋友　　　　一起
   hé　　péngyou　　yìqǐ
   with friend together

2. 和　　格林　先生　　　　一起
   hé　　Gélín　xiānsheng　　yìqǐ
   with Mr. Green together

3. 他　和　　朋友　　　　一起　去　　上海 。
   Tā　hé　　péngyou　　yìqǐ　qù　　Shànghǎi.

   He goes to Shanghai with friend together.

4. 他　　和　　格林　先生　　　　一起去　　开会。
   Tā　hé　　Gélín　xiānsheng　　yìqǐ　qù　　kāihuì.
   He has meeting with Mr. Green together.

5. 他　和　　丁　　女士　一起　乘　　出租　车。
   Tā　hé　　Dīng　nǚshì　yìqǐ　　chéng chūzū chē.
   He and Ms. Ding together take a taxi.

3. 有 些　yǒu xiē

Some. It's the abbreviation of 有 一 些 yǒu yì xiē. The 一 yī has been omitted.

Notes

---

1. 周四　zhōusì

Thursday. Three different words for day of week are used in Chinese:

1. 星期　　xīngqī
2. 礼拜　　lǐbài.
3. 周　　　zhōu

Monday	星期一	xīngqīyī	礼拜一	lǐbàiyī	周一	zhōuyī
Tuesday	星期二	xīngqīèr	礼拜二	lǐbàièr	周二	zhōuèr
Wednesday	星期三	xīngqīsān	礼拜三	lǐbàisān	周三	zhōusān
Thursday	星期四	xīngqīsì	礼拜四	lǐbàisì	周四	zhōusì
Friday	星期五	xīngqīwǔ	礼拜五	lǐbàiwǔ	周五	zhōuwǔ
Saturday	星期六	xīngqīliù	礼拜六	lǐbàiliù	周六	zhōuliù
Sunday	星期日	xīngqīrì	礼拜日	lǐbàirì	星期日	zhōurì

---

2. 来得及　láide jí

Still have time/ it won't be late. This is a fixed expression. If we take this as an answer, the question should be:

Question:	来得及吗？	Láide jí ma?	Is the time OK?
Answer 1:	来得及。	Láide jí.	It's OK! (positive answer)
Answer 2:	来不及。	Láibù jí.	The time is not much left. (negative answer)

---

3. 可以　kěyǐ

May. 可以 kěyǐ and 能 néng is interchangeable when the meaning of permission is applied:

1. 我　可以　来　吗？
   Wǒ　kěyǐ　lái　ma?
   May I come?

2. 我　能　来　吗？
   Wǒ　néng　lái　ma?
   May I come?

The difference between the two is that 可以 kěyǐ mainly expresses "possibility", while 能 néng mainly expresses "ability". However, occasionally 可以 kěyǐ also can express the meaning of "ability", however, it does not indicate "good at doing something". For example:

One can say:

1. 他　很　能　吃。
   Tā　hěn　néng　chī.
   He is a very big eater.

one can *not* say:

2. 他　很　~~可以~~　吃。
   Tā　hěn　~~kěyǐ~~　chī.
   He is very big eater.

Key sentence construction

1.
			Shànghǎi 上海	Shanghai
		qù 去	Shànghǎi 上海	go Shanghai
	dǎsuan 打算	qù 去	Shànghǎi 上海	intend go Shanghai
Wǒ 我	dǎsuan 打算	qù 去	Shànghǎi 上海	I intend go Shanghai

2.
				qù 去	go
			yìqǐ 一起	qù 去	together go
	hé 和……		yìqǐ 一起	qù 去	with …… together go
	hé 和	liǎngge 两个	péngyou 朋友	yìqǐ 一起	qù 去	with two friends together go
wǒ 我	hé 和	liǎngge 两个	péngyou 朋友	yìqǐ 一起	qù 去	I with two friends together go

3.
		piào 票	ticket
	mǎidào 买到	piào 票	get ticket
néng 能	mǎidào 买到	piào 票	can get ticket

		jiù	néng	mǎidào	piào	certainly can get ticket
		就	能	买到	票	
tíqián sāntiān		jiù	néng	mǎidào	piào	in advance three days certainly can get ticket
提前三天		就	能	买到	票	

4.
				yùdìng	reserve
				预订	
		dǎ	diànhuà	yùdìng	by phone reserve
		打	电话	预订	
	kěyǐ	dǎ	diànhuà	yùdìng	may by phone reserve
	可以	打	电话	预订	
nín	kěyǐ	dǎ	diànhuà	yùdìng	you may by phone reserve
您	可以	打	电话	预订	

5.
				bàn	wán	finished
				办	完	
			méi	bàn	wán	not finished
			没	办	完	
		hái	méi	bàn	wán	still not finished
		还	没	办	完	
	shì-r	hái	méi	bàn	wán	matter still not finished
	事儿	还	没	办	完	
yǒu xiē	shì-r	hái	méi	bàn	wán	some matter still not finished
有 些	事儿	还	没	办	完	

Exercise

1. Make a phrase by combining two or three of the following words:

1. 打算   dǎsuan
2. 星期四   xīngqīsì
3. 走   zǒu
4. 和… 一起   hé...yìqǐ
5. 朋友   péngyou
6. 打 电话   dǎ diànhuà
7. 预订   yùdìng
8. 车票   chēpiào

2. Complete the following sentences by filling in missing words:

1. 我 _____下　　星期四　　去　　北京。
   Wǒ _____ xià　xīngqīsì　qù　Běijīng.

2. 他 _____ 去　　上海。
   Tā _____ qù　Shànghǎi.

3. 车票　可以 _____ 预订。
   Chēpiào kěyǐ _____ yùdìng.

4. 我 _____ 朋友 _____ 去　　中国。
   Wǒ _____ péngyou _____ qù　Zhōngguó.

5. 今天　订票 _____ 吧。
   Jīntiān dìngpiào _____ ba.

6. 我 还　有　好多　　事儿 没 _____。
   Wǒ hái　yǒu　hǎoduō　shì-r　méi _____.

7. 提前　三　天　才　能 _____票。
   Tíqián　sān　tiān　cái　néng _____ piào.

3. Make a new sentence by using the substitute words given:

1. 我 _____ 去　　上海 。
   Wǒ _____ qù　Shànghǎi.

   a. 想要　　xiǎngyào
   b. 打算　　dǎsuan
   c. 准备　　zhǔnbèi

2. 我 _____ 去 。
   Wǒ _____ qù.

   a. 和 朋友 一起　hé péngyou yìqǐ
   b. 自己　　　　　zìjǐ
   c. 不 想　　　　 bù xiǎng

3. 提前 _____ 能　买到　票 。
   Tíqián _____ néng mǎidào piào.

   a. 一 周　　yì zhōu
   b. 四 天　　sì tiān
   c. 两 天　　liǎng tiān

4. 我 有 些 事儿 _____ 。
Wǒ yǒu xiē shì-r _____ .

    a. 还 没 做   hái méi zuò
    b. 还 没 做完   hái méi zuòwán
    c. 还 不 知道   hái bù zhīdao

4. Translate the following sentences:

1. 格林 先生 打算 就 呆 两 天。
   Gélín xiānsheng dǎsuan jiù dāi liǎng tiān.

2. 丁 女士 和 朋友 一起 去 西安。
   Dīng nǚshì hé péngyou yìqǐ qù Xī'ān.

3. 最 好 提前 几 天 买票。
   Zuì hǎo tíqián jǐ tiān mǎipiào.

4. 今天 买票 来不及 了。
   Jīntiān mǎipiào láibují le.

5. 格林 先生 还 有 些 事儿要 做。
   Gélín xiānsheng hái yǒu xiē shì-r yào zuò.

5. Dialogue:

1. A: 您 打算 去 旅游 吗？
   B: 不，我 出差。

   A: Nín dǎsuan qù lǚyóu ma?

   B: Bù, wǒ chūchāi.

2. A: 您 打算 什么 时候 买票？
   B: 提前 两天。
   A: 恐怕 来不及 吧？
   B: 来得及，当天 买票 都 来得及。

   A: Nín dǎsuan shénme shíhou mǎipiào?

   B: Tíqián liǎngtiān.

   A: Kǒngpà láibují ba.

   B: Láidejí, dāngtiān mǎipiào dōu láidejí.

3. A: 在 哪儿 买票？

B: 在 车站。

A: 我 可以 预订 车票 吗？

B: 可以，但是 要 提前 三 天。

A: Zài nǎ-r mǎipiào?

B: Zài chēzhàn.

A: Wǒ kěyǐ yùdìng chēpiào ma?

B: Kěyǐ, dànshì yào tíqián sān tiān.

New words for exercises

1.	中国	Zhōngguó	China
2.	来不及	láibují	there is no time.
3.	才	cái	It emphasis the time that is early.
4.	准备	zhǔnbèi	prepare
5.	自己	zìjǐ	oneself
6.	做	zuò	to do
7.	知道	zhīdao	to know
8.	呆	dāi	to stay
9.	西安	Xī'ān	a city in northern China.
10.	需要	xūyào	need
11.	旅游	lǚyóu	travel
12.	恐怕	kǒngpà	to be afraid
13.	都	dōu	it indicates emphasis here.
14.	出差	chūchāi	go for a business trip.
15.	当天	dàngtiān	same day
16.	但是	dànshì	but

Reserving a Ticket

Mr. Green's secretary is making a phone call to reserve a train ticket for his trip to Shanghai.

秘书：劳驾，我 想 订 张 车票。下 星期四 去 上海 的。

职员：您 打算 坐 哪趟 车？

秘书：坐 晚车。

职员：您 是 坐 普 快，还是 坐 特快？

秘书：坐 特快 吧。要 卧铺。

职员：特快 是 晚上 8点 的。您 要 几张？

秘书：就 一张。

职员：请问 付款 办法？

秘书：是 信用卡。号码儿 是 330 865 892 3999。

职员：好，我们 会 把 票 寄 去 的。

秘书：谢谢。

Mìshū : Láojià, wǒ xiǎng dìng zhāng chēpiào. Xià xīngqīsì qù Shànghǎi de.

Zhíyuán : Nín dǎsuan zuò nǎ/něi tàng chē?

Mìshū : Zuò wǎnchē.

Zhíyuán : Nín shì zuò pǔkuài, háishì zuò tèkuài?

Mìshū : Zuò tèkuài ba. Yào wòpù.

Zhíyuán : Tèkuài shì wǎnshang bā diǎn de. Nín yào jǐ zhāng?

Mìshū : Jiù yì zhāng.

Zhíyuán : Qǐngwèn fùkuǎn bànfǎ?

Mìshū : Shì xìnyòng kǎ. Hàomǎ-r shì sān sān líng bā liù wǔ bā jiǔ èr sān jiǔ jiǔ jiǔ.

Zhíyuán : Hǎo, wǒmen huì bǎ piào jì qù de.

Mìshū : Xièxie.

Secretary : Excuse me, I would like to reserve a ticket for next Thursday to Shanghai.

Clerk : Which train are you going to take?

Secretary : The evening train.

Clerk : Are you going to take fast train, or the special express?

Secretary : Special express. I would like sleeping berth.

Clerk : The special express will depart at 8 p.m. How many tickets do you want?

Secretary : Just one please.

Clerk : May I ask the means of payment?

Secretary : Credit card, the number is 330 865 892 3999.

Clerk : OK, we'll post the ticket to you.

Secretary : Thanks.

New words

1. 劳驾	láojià	excuse me
2. 车	chē	vehicle
3. 订票	dìngpiào	to reserve a ticket
4. 趟	tàng	a measure word
5. 普快	pǔkuài	an abbreviation for
		pǔtōng kuàichē
		lit. ordinary fast train
6. 特快	tèkuài	express *lit.* special fast train.
7. 卧铺	wòpù	sleeping berth
8. (是)…还是	(shì) ... háishì	... or ...
9. 付款	fùkuǎn	pay money
10. 办法	bànfǎ	method
11. 信用卡	xìnyòngkǎ	credit card
12. 号码儿	hàomǎ-r	number
13. 会	huì	will/ would
14. 张	zhāng	a measure word
15. 就	jiù	It indicates *only* here.

Grammar

1. 我们 会 把 票 寄去 的   wǒmen huì bǎ piào jìqù de.

We will post the ticket to you. 会 huì a modal verb. It indicates probability. More examples:

1. 明天　　会　下雪 吗 ?
   Míngtiān　huì　xiàxuě ma?
   Will it snow tomorrow?

2. 他   会   来   的 。
    Tā   huì ˙lái de.
    He will come.

的 de here indicates the definite tone of the speaker.

2. 是…还是…   shì ... háishì

Is ... or ... . This is a selective question. The person who asks question give a choice to the person who are going to answer. The first 是 shì often be omitted. More examples:

1. 他   是   中国   人，   还是   美国   人 ?
    Tā   shì   Zhōngguó rén, háishì   Měiguó   rén ?
    He   is   China   person, or is   America person
    Is he a Chinese, or America?

Note: the 是 shì is in this sentence can not be omitted, as it's a link verb.

2. (是) 去，   还是 不   去   呢 ?
    (Shì) qù,   háishì bú   qù   ne?
    Is   going, or   not going?
    Should I go, or not go?

3. (是) 买   电脑   呢，   还是   买   手机   呢 ?
    (Shì) mǎi diànnǎo ne, háishì   mǎi shǒujī   ne?
    Is   buy   computer,   or   buy mobile phone ?
    Should I buy a computer, or buy a mobile phone?

Notes

1. 劳驾   láo jià

Excuse me.   Used exclusively in Beijing.

2. 张   zhāng

A measure word (classifier) for sth. that usually is flat surface. For example: table, paper, news paper, ticket, etc.

3. 普快   pǔkài

Ordinary fast train.   The different type of tickets in China are as follows:

慢车	mànchē	slow train
普快	pǔkuài	ordinary fast train
特快	tèkuài	express *lit.* especially fast train
硬卧	yìngwò	economy (hard) sleeping berth
软卧	ruǎnwò	soft sleeping berth
硬座	yìngzuò	economy (hard) seat
茶座	cházuò	*lit.* tea seat

Key sentence construction

1.				chēpiào 车票	vehicle ticket
			yì zhāng 一张	chēpiào 车票	one vehicle ticket
		dìng 订	yì zhāng 一张	chēpiào 车票	reserve one vehicle ticket
	xiǎng 想	dìng 订	yì zhāng 一张	chēpiào 车票	want reserve one vehicle ticket
wǒ 我	xiǎng 想	dìng 订	yì zhāng 一张	chēpiào 车票	I want reserve one vehicle ticket

2.   de   particle
                                                                 的

             qù   Shànghǎi   de   go Shanghai
             去   上海   的

      xīngqīsì qù   Shànghǎi   de   Thursday go Shanghai
      星期四   去   上海   的

xià   xīngqīsì qù   Shànghǎi   de   next Thursday go Shanghai
下   星期四   去   上海   的

3.   chē   vehicle
                                                          车

                    nǎ/něi   tàng   chē   which vehicle
                    哪   趟   车

            zuò   nǎ/něi   tàng   chē   take which vehicle
            坐   哪   趟   车

    dǎsuan zuò   nǎ/něi   tàng   chē   intend take which vehicle
    打算   坐   哪   趟   车

nín dǎsuan zuò   nǎ/něi   tàng   chē   you intend take which vehicle
您 打算   坐   哪   趟   车

4.   de   particle
                                                          的

                    bā   diǎn   de   eight o'clock
                    八   点   的

            wǎnshang bā diǎn   de   evening eight o'clock
            晚上   八 点   的

      shì   wǎnshang bā diǎn   de   is evening eight o'clock
      是   晚上   八 点   的

tèkuài shì wǎnshang bā diǎn   de   special express is evening eight
特快   是   晚上   八 点   的   o'clock

5.   bànfǎ   method
                                                   办法

                    fùkuǎn   bànfǎ   payment method
                    付款   办法

            Qǐngwèn fùkuǎn   bànfǎ   please (allow me to) ask payment
            请问   付款   办法   method

6.

					de	particle
					的	
				jìqù	de	post over
				寄去	的	
		bǎ	piào	jìqù	de	deal with ticket post over
		把	票	寄去	的	
	huì	bǎ	piào	jìqù	de	would deal with ticket post over
	会	把	票	寄去	的	
wǒmen	huì	bǎ	piào	jìqù	de	we would deal with ticket post over
我们	会	把	票	寄去	的	

Exercise

1. **Make a phrase by combining two or three of the following words:**

1. 订   dìng
2. 一张   yì zhāng
3. 车票   chēpiào
4. 去   qù
5. 上海   Shànghǎi
6. 的   de
7. 哪趟车   nǎ/něi tàng chē
8. 打算   dǎsuan
9. 坐   zuò
10. 办法   bànfǎ
11. 付款   fùkuǎn

2. **Complete the following sentences by filling in missing words:**

1. 我 想 _____ 张   车票 。
   Wǒ xiǎng _____ zhāng   chēpiào.

2. 您 _____ 坐 哪 趟   车 ?
   Nín _____ zuò nǎ tàng   chē?

3. 您 _____ 坐   普快 ，_____ 坐   特快 ?
   Nín _____ zuò   pǔkuài, _____ zuò   tèkuài?

4. 特快　是 ＿＿＿＿＿＿ 八　点　的 。

    Tèkuài　shì ＿＿＿＿＿＿ bā　diǎn　de.

5. 我 用　信用　卡 ＿＿＿＿＿＿ 。

    Wǒ yòng　xìnyòng　kǎ ＿＿＿＿＿＿ .

3. Make a new sentence by using the substitute words given:

1. 订　　张　　去 ＿＿＿＿＿＿ 的　车票 。

    Dìng　zhāng　qù ＿＿＿＿＿＿ de　chēpiào.

    a. 上海　　　　　　Shànghǎi
    b. 北京　　　　　　Běijīng
    c. 广州　　　　　　Guǎngzhōu

2. 您 打算 ＿＿＿＿＿＿ 。

    Nín dǎsuan ＿＿＿＿＿＿ .

    a. 坐哪趟车　　　　zuò nǎ tàng chē
    b. 去哪儿旅行　　　qù nǎ-r lǚ Xíng
    c. 什么时候 去　　shénme shíhou qù

3. 您 是　坐 ＿＿＿＿＿＿ 还是　　坐 ＿＿＿＿＿＿ ?

    Nín shì　zuò ＿＿＿＿＿＿ , háishì　zuò ＿＿＿＿＿＿ ?

    a. 普快/特快　　　pǔkuài / tèkuài
    b. 硬座儿/硬卧　　yìngzuò-r/ yìngwò
    c. 硬卧/软卧　　　yìngwò/ ruǎnwò

4. ＿＿＿＿＿＿ 是　晚上　　八　点　的 。

    ＿＿＿＿＿＿ shì　wǎnshang　bā diǎn　de.

    a. 特快　　　　　　tèkuài
    b. 电影儿　　　　　diànyǐng-r
    c. 舞会　　　　　　wǔhuì

5. 我们　会 ＿＿＿＿＿＿ 。

    Wǒmen　huì ＿＿＿＿＿＿ .

    a. 把 票 寄去 的　　bǎ piào jìqù de
    b. 告诉 你 的　　　gàosu nǐ de
    c. 去 车站 接 你 的　qù chēzhàn jiē nǐ de

4. Translate the following sentences:

1. 他的　　秘书　想　　订　　张　　车票。
   Tāde　　mìshū xiǎng dìng　zhāng chēpiào.

2. 他 下　星期四　　坐　　晚车 去　上海。
   Tā xià　xīngqīsì　　zuò　　wǎnchē qù　Shānghǎi.

3. 他 坐　特快 卧铺 去。
   Tā zuò　tèkuǎi wòpù qù.

4. 秘书　买票　用　信用卡　　付款。
   Mìshū　mǎipiào yòng xìnyòngkǎ　fùkuǎn.

5. 车站　的　人　说　他们 会　把　票 寄去的。
   Chēzhàn de　rén　shuō tāmen huì　bǎ　piào jìqù de.

5. Dialogue:

1. A: 您 有 什么 事儿？
   B: 我 想 订 张 车票。
   A: 您 打算 去 哪儿？
   B: 我 打算 去 广州。
   A: 您 什么 时候 走？
   B: 明天 下午。
   A: 您 买 几 张？
   B: 就 一 张，要 卧铺。

   A: Nín yǒu shénme shì-r?
   B: Wǒ xiǎng dìng zhāng chēpiào.
   A: Nín dǎsuan qù nǎ-r?
   B: Wǒ dǎsuan qù Guǎngzhōu.
   A: Nín shénme shíhou zǒu?
   B: Míngtiān xiàwǔ.
   A: Nín mǎi jǐ zhāng?
   B: jiù yì zhāng, yào wòpù.

2. A: 买 到 哪儿 的？
   B: 到 上海。买 明天 早上 的，一 张 卧铺。

A: 普快 还是 特快？

B: 特快。 谢谢。

A: Mǎi dào nǎ-r de?

B: Dào Shànghǎi. Mǎi míngtiān zǎoshang de, yì zhāng wòpù.

A: Pǔkuài, háishì tèkuài?

B: Tèkuài. Xièxie.

3. A: 去 哪儿？

B: 去 西安。 后天 晚车 走， 硬座 一张。

A: 对不起， 后天 晚车 的 票 卖 完 了。

B: 下 趟 车 是 什么 时候？

A: 星期 日 早上 的。

B: 也 行。

A: Qù nǎ-r?

B: Qù Xī'ān. Hòutiān wǎnchē zǒu, yìngzuò yì zhāng.

A: Duìbuqǐ, hòutiān wǎnchē de piào màiwán le.

B: Xià tàng chē shì shénme shíhou?

A: Xīngqī rì zǎoshang de.

B: Yě xíng.

New words for exercises

1. 广州	Guǎngzhōu	Canton, the capital city of Canton Province.
2. 旅行	lǚxíng	tour
3. 时候	shíhou	what time/when
4. 电影儿	diànyǐng-r	film
5. 舞会	wǔhuì	ball *lit.* dance meeting
6. 告诉	gàosu	to tell
7. 车站	chēzhàn	train station
8. 接	jiē	to meet
9. 人	rén	person

10.	西安	Xī'ān	name of the capital city of Shanxi Province
11.	后天	hòutiān	the day after tomorrow
12.	早上	zǎoshang	morning
13.	茶座	cházuò	*lit.* tea seat a carriage with better services
14.	付款	fùkuǎn	pay

Booking a Hotel

Mr. Green's secretary is booking a hotel for next Thursday.

服务员 ： 喂，(我 是) 上海 饭店，请问 您 是 哪里？

秘书　 ： 是 北京 一 个 信息 技术 公司。 我 想 订 个
　　　　 房间。

服务员 ： 几 个 人， 什么 时候 住？

秘书　 ： 一 个 人， 从 5 月 14 号儿 开始， 住 7 个
　　　　 晚上。 要 单间儿。

服务员 ： 单间儿 一 晚上 2,000 块。 您 是 付 支票， 还
　　　　 是 信用 卡？

秘书　 ： 信用 卡。 号码儿 是 337 583 920 347 89。

服务员 ： 一共 14,000 块， 外收 押金 50 块。

秘书　 ： 好 吧。 谢谢！

服务员 ： 谢谢 您！

Fúwùyuán ： Wéi, (Wǒ shì) Shànghǎi Fàndiàn, Qǐngwèn, nín shì nǎlǐ?

Mìshū　　 ： Shì Běijīng yí ge Xìnxī Jìshù Gōngsī. Wǒ xiǎng dìng ge
　　　　　 fángjiān.

Fúwùyuán ： Jǐ ge rén, shénme shíhou zhù?

Mìshū　　 ： Yí ge rén, cóng wǔ yuè shísì hào-r kāishǐ, zhù qī ge wǎnshang.
　　　　　 Yào dānjiān-r.

Fúwùyuán ： Dānjiān-r yì wǎnshang liǎngqiān kuài. Nín shì fù zhīpiào, háishì
　　　　　 xìnyòng kǎ?

Mìshū   : Xìnyòng kǎ. Hàomǎ-r shì sān sān qī wǔ bā sān jiǔ èr líng sān sì qī bā jiǔ.

Fúwùyuán : Yígòng yí wàn sì qiān Kuài, wàishōu yājīn wǔshí Kuài.

Mìshū   : Hǎo ba. Xièxie!

Fúwùyuán : Xièxie!

Reception : Hello, (this is) Shanghai Hotel, may I ask, who is speaking (where are you calling from?) please?

Secretary : (I) am (calling from) Beijing, an IT company. I would like to reserve a room.

Reception : How many people (do you want to reserve for), and when to start?

Secretary : (For) one person, (He will start) from 14th of May onwards, for 7 nights.

(I would like) a single room.

Reception : 2,000 *kuai* for a single room per night. Would you like to pay by cheque, or a credit card?

Secretary : By credit card, please. The number is 337 583 920 347 89.

Reception : 14,000 *kuai* in total, in addition 50 *kuai* for the deposit.

Secretary : That's Ok, Thanks!

Reception : Thank you!

New words

1. 哪里	nǎlǐ	where
2. 房间	fángjiān	room
3. 信息	xìnxī	information
4. 技术	jìshù	technology
5. 住	zhù	live
6. 从⋯开始	cóng...kāishǐ	start from... *lit.* from... start
7. 单间儿	dānjiān-r	single-room
8. 支票	zhīpiào	cheque
9. 外收	wài shōu	in addition *lit.* on top of... charge
10. 押金	yājīn	deposit

Notes

1. 喂   wéi

Hello, hi.   The word is used when answering a telephone call.

2. 上海 饭店   Shànghǎi Fàndiàn

Shanghai Hotel.   我 是 Wǒ shì (This is) are always omitted in an actual conversation.

3. 您 是 哪里？   Nín shì nǎlǐ?

Where are you (calling from)?   *lit.* You are where?

4. 信息 技术 公司   Xìnxī Jìshù Gōngsī

Information Technology Company.   i.e., IT Company.

5. 晚上　wǎnshang

Night. Usually it means evening.

Key sentence construction

1.

			nǎlǐ	where
			哪里	
		shì	nǎlǐ	are where
		是	哪里	
	nín	shì	nǎlǐ	you are where
	您	是	哪里	
Qǐngwèn	nín	shì	nǎlǐ	please (allow me) ask you are where
请问	您	是	哪里	

2.

		wǎnshang	nights
		晚上	
	qī ge	wǎnshang	seven nights
	7 个	晚上	
zhù	qī ge	wǎnshang	start stay seven nights
住	7 个	晚上	

3.

			kuài	kuai
			块	
		liǎng qiān	kuài	2,000 kuai
		2,000	块	
	yí ge wǎnshang	liǎng qiān	kuài	one night 2,000 kuai
	一个 晚上	2,000	块	
dān jiān-r	yí ge wǎnshang	liǎng qiān	kuài	single room one night 2,000 kuai
单 间儿	一个 晚上	2,000	块	

4.

			kuài	kuai
			块	
		wǔ shí	kuài	50 kuai
		50	块	
	shōu	yā jīn	wǔ shí	kuài	charge deposit 50 kuai
	收	押金	50	块	
wài shōu	yā jīn	wǔ shí	kuài	in addition charge deposit 50 kuai
外 收	押金	50	块	

Exercise

1. Make a phrase by combining two or three of the following words:

1.   您 是   nín shì
2.   哪里   nǎli
3.   房间   fángjiān
4.   订   dìng
5.   住   zhù
6.   什么   shénme
7.   时候   shíhou
8.   押金   yājīn
9.   外收   wàishōu

2. Complete the following sentences by filling in missing words:

1.   请问， 您 是 _____ ?
     Qǐngwèn, nín shì _____ ?

2.   我 是 北京 _____ IT公司 。
     Wǒ shì Běijīng _____ IT gōngsī.

3.   我 _____ 14 号儿 _____ ， 住 7 个 晚上 。
     Wǒ _____ shísì hào-r _____ ,   zhù qī ge wǎnshang.

4.   我 想 要 _____ 间儿 。
     Wǒ xiǎng yào _____ jiān-r.

5.   _____ 押金 50   块 。
     _____ yājīn wǔshí kuài.

3. Make a new sentence by using the substitute words given:

1.   请问， 您 是 _____ ?
     Qǐngwèn, nín shì _____ ?

     a. 哪里   nǎli
     b. 北京 IT 公司 吗 ？   Běijīng IT Gōngsī ma?
     c. 格林 先生 吗 ？   Gélín xiānsheng ma?

2.   您 住 _____ ?
     Nín zhù _____ ?

    a. 哪儿   nǎ-r

    b. 什么 地方   shénme dìfang

    c. 哪里   nǎlǐ

3. 我 _____ 5月 _____住 5 个 月。

   Wǒ_____ wǔyuè_____zhù wǔ ge yuè.

    a. 从 / 开始   cóng/ kāishǐ

    b. 从 / 起   cóng/qǐ

    c. 自 / 始   zì/shǐ

4. 外 加 _____。

   Wài jiā _____.

    a. 两 个   liǎng ge

    b. 50 块 押金   wǔ shí kuài yā jīn

    c. 三个 软件 儿   sān ge ruǎn jiàn-r

4. Translate the following sentences:

1. 秘书 想要 订 个 房间。   Mìshū xiǎng yào dìng ge fáng jiān.

2. 格林 先生 要 住 在 上海 饭店。 Gélín xiānsheng yào zhùzài Shànghǎi Fàndiàn.

3. 他 从 3月1日 起 住 一 个 礼拜。 Tā cóng sān yuè yī rì qǐ zhù yí ge lǐbài.

4. 那 个 饭店 很 贵，一 个 晚上。 Nà/Nèi ge Fàndiàn hěn guì, yí ge

   要 2,000 块。   wǎnshang yào liǎng qiān kuài.

5. 预订 房间 很 容易，打 个   Yùdìng fáng jiān hěn róngyi, dǎ ge

   电话 就 行 了。   diànhuà jiù xíng le.

5. Dialogue:

1. A: 喂，北京 饭店，请问 您 是 哪里？

   B: 喂，我 是 北京 晚报。

   A: 有 什么 事儿 吗？

   B: 我 想 订 个 房间。

   A: 订 单人 房间，还是 订 双人 的？

   B: 订 双人 的 多少钱？

   A: 1,500 块 钱 一 晚上。

   B: 让 我 再 想想。

A: Wéi, Běijīng Fàndiàn, Qǐngwèn nín shì nǎlǐ?

B: Wéi, Wǒ shì Běijīng Wǎnbào.

A: Yǒu shénme shì-r ma?

B: Wǒ xiǎng dìng ge fángjiān.

A: Dìng dānrén fángjiān, háishì dìng shuāngrén de?

B: Dìng shuāngrén de duōshao qián?

A: Yì qiān wǔ bǎi kuài qián yì wǎnshang.

B: Ràng wǒ zài xiǎngxiang.

2. A: 喂，广州 饭店，请问 是 哪一 位？

   B: 喂，我 是 上海 IT公司 啊。请问 还 有 房间 吗？

   A: 还 有。您 什么 时候 住？

   B: 明天 可以 吗？

   A: 可以，几 个 人？

   B: 就 一 个。

   A: 住 单间儿，还是 双人 房间？

   B: 住 单间儿 吧。

   A: 单间儿 一 个 晚上 2,000 块。

   B: 成。我 用 信用 卡 付帐。信用 卡 号码儿 是 3703 5929 4822。

   A: 您 打算 住 几 天？

   B: 大概 住 8 天 吧。

   A: Wéi, Guǎngzhōu Fàndiàn, Qǐngwèn shì nǎ yí wèi?

   B: Wéi, Wǒ shì Shànghǎi IT Gōngsī a. Qìngwèn hái yǒu fángjiān ma?

   A: Hái yǒu. Nín shénme shíhou zhù?

   B: Míngtiān kěyǐ ma?

   A: Kěyǐ, jǐ ge rén?

   B: Jiù yí ge.

   A: Zhù dānjiān-r, háishì shuāngrén fángjiān?

   B: Zhù dānjiān-r ba.

   A: Dānjiān-r yí ge wǎnshang liǎngqiān kuài.

   B: Chéng. Wǒ yòng xìnyòng kǎ fùzhàng. Xìnyòng kǎ hàomǎ-r shì sān qī líng sān wǔ jiǔ èr jiǔ sì bā èr èr.

A: Nín dǎsuan zhù jǐ tiān?

B: Dàgài zhù bā tiān ba.

3. A: 喂，是 北 京 饭 店，请 问 是 哪 一 位？

   B: 劳 驾，我 想 订 个 房 间 行 吗？

   A: 您 打 算 什 么 时 候 住？

   B: 下 个 星 期。

   A: 哎 呀，对 不 起，下 个 星 期 可 不 行，早 就 住 满 了。
       您 到 别 的 地 儿 再 试 试 吧。

   A: Wéi, shì Běi jīng Fàndiàn, Qǐngwèn shì nǎ yí wèi?

   B: Láo jià, wǒ xiǎng dìng ge fáng jiān xíng ma?

   A: Nín dǎsuan shénme shíhou zhù?

   B: Xià ge xīngqī.

   A: Ài ya, duìbuqǐ, xià ge xīngqī kě bù xíng, zǎo jiù zhùmǎn le. Nín dào biéde
       dì-r zài shìshi ba.

New words for exercises

1.	地方	dìfang	place
2.	哪里	nǎlǐ	where
3.	开始	kāishǐ	start
4.	从···起	cóng... qǐ	start from... *lit.* from... start
5.	自···始	zì... shǐ	start from... used in written language.
6.	预订	yùdìng	to reserve
7.	容易	róngyi	easy
8.	晚报	wǎnbào	evening newspaper
9.	单	dān	single
10.	双	shuāng	double
11.	让	ràng	let
12.	想想	xiǎng xiang	think (about it) for a while
13.	位	wèi	a measure word for person.

14.	成	chéng	become, OK
15.	付帐	fùzhàng	pay *lit.* pay bill
16.	大概	dàgài	probably, approximately
17.	别的	biéde	others
18.	地儿	dì-r	place i.e. dìfang
19.	试试	shì shi	try
20.	满	mǎn	full
21.	别的	biéde	others

At the Airport

Mr. Green is at the airport to meet his wife. She has just arrived
and is waiting to collect her baggage.

格林 太太　：行李 怎么 还 没 到？

旅客　　　：电子 屏幕 上 说 还 得 等 一会儿。

格林 太太　：啊， 来 了， 来 了！……不知 在 海关 得
　　　　　　办 什么 手续？

旅客　　　：没 什么， 他们 就 看看 护照 和 入境卡。

　　　　　　(过了 海关， 格林 太太 看到 了 格林 先生)

格林　　　：噢， 我 亲爱的， 路上 辛苦 了。

格林 太太　：还 好， 我 得 先 上 趟 厕所。

格林　　　：厕所？ 啊， 在 那儿！

格林 太太　：到 了 家， 我 想 给 朋友们 发 个 伊妹儿。

格林　　　：要是 急 的话， 咱们 可以 去 网吧。 机场
　　　　　　就 有。

格林 太太　：哎， 对 了， 你 不 是 有 手机 吗？

格林　　　：酷！

Gélín tàitai　：Xínglǐ zěnme hái méi dào?

Lǚkè　　　　：Diànzǐ píngmù shàng shuō hái děi děng yíhuì-r.

Gélín tàitai　：Ài, lái le, lái le! ... Bù zhī zài hǎiguān děi bàn shénme shǒuxu?

Lǚkè　　　　：Méi shénme, tāmen jiù kànkan hùzhào hé rùjìng kǎ.

(Guò le hǎiguān, Gélín tàitai kàndào le Gélín xiānsheng.)

Gélín : Ào, wǒ qīn'ài de, lù shang xīnkǔ le.

Gélín tàitai : Hái hǎo. Wǒ děi xiān shàng tàng cèsuǒ.

Gélín : Cèsuǒ? ài, zài nà-r!

Gélín tàitai : Dào le jiā, wǒ xiǎng gěi péngyou men fā ge yīmèi-r.

Gélín : Yàoshì jí dehuà, zánmen kěyǐ qù wǎngbā. Jīchǎng jiù yǒu.

Gélín tàitai : Ài, duì le, nǐ bú shi yǒu shǒujī ma?

Gélín : Kù!

Mrs. Green : How come the luggage has still not arrived?

Passenger : It says on the electronic screen that it'll arrive soon.

Mrs. Green : Oh, here it comes ... I wonder what customs will be like?

Passenger : It's easy. They just look at your passport and the Entrance
(Passing through the customs, Mrs. Green meets Mr. Green)

Mr. Green : Oh, my dear, how was the flight?

Mrs. Green : Not too bad, but I need to use the toilets.

Mr. Green : Oh, the toilets are over there.

Mrs. Green : When we arrive at home, I want to send an e-mail to friends.

Mr. Green : If it's urgent, we could use an internet bar to do it. There is
one at the airport.

Mrs. Green : Oh, don't you have a mobile phone?

Mr. Green : Cool!

New words

1.	机场	jīchǎng	airport
2.	行李	xíngli	luggage, baggage
3.	电子	diànzǐ	electronic
4.	屏幕	píngmù	screen
5.	还得	hái děi	must, have to
6.	海关	hǎiguān	customs
7.	办手续	bàn shǒuxu	go through formality
8.	入境卡	rù jìng kǎ	entrance registration card
9.	过	guò	pass through
10.	亲爱	qīn'ài	dear
11.	辛苦	xīnkǔ	hardship
12.	太	tài	too
13.	上厕所	shàng cèsuǒ	go to toilet
14.	要是…的话	yàoshì... dehuà	if ...
15.	网吧	wǎngbā	internet bar
16.	酷	kù	cool

Grammar

1. 怎么 还 没…?   zěnme hái méi...?

How come it's still not... The thing expected has not happened:

1. 他　怎么　还　　没　　来 ?
    Tā　*zěnme* *hái*　　*méi*　*lái*?
    How come he still has not arrived?

2. 他　怎么　还　　没　　走 ?
    Tā　*zěnme* *hái*　　*méi*　*zǒu*?
    How come he still has not left?

3. 王　怎么　还　没　打　　电话　　来？

Wáng zěnme hái méi dǎ diànhuà lái?

How come Wang still has not called?

4. 订　的　　货　怎么　还　没　到？

Dìng de huò zěnme hái méi dào?

How come the goods ordered have still not been received?

2. 电子 屏幕 上 说… diànzǐ píngmù shàng shuō...

(the information) on the electronic board says that... A noun is usually the topic of a sentence, however, words which indicate position (e.g. 上 **shàng** meaning *on* or 里 **lǐ** meaning *in*) can also be used as the topic. Here is a few examples were a noun and a positional word are used together :

1. 报纸　上　　说…

bàozhǐ shàng shuō...

news paper says that...

2. 广播　　里　说…

guǎngbō lǐ shuō...

the broadcast says that...

3. 书　里　说…

shū lǐ shuō...

a book says that...

3. 上 趟 厕所 shàng tàng cèsuǒ

Go to the toilet. 上 趟 **Shàng tàng** is abbreviation of 上 一 趟 **shàng yí tàng**. In Chinese, verbs as well as nouns can have a measure word. In the following examples note the different position of the measure words for the noun and verb:

verb + measure word　　measure word + noun

1. 上　　一 趟　　　　　一 个 机场

shàng yí <u>tàng</u>	yí <u>ge</u>	jīchǎng
go once	one airport	

2.

打 一次	一位	老师
dǎ yí <u>cì</u>	yí <u>wèi</u>	lǎoshī
make a (phone call)	one teacher	

3.

走 一回	一座	银行
zǒu yì <u>huí</u>	yí <u>zuò</u>	yínháng
walk once	one bank	

Notes

---

1. 办 手续   bàn shǒuxu

Go through a formality.   This phrase can be separated by other words:

1. 办   入境 手续
   bàn   rùjìng shǒuxu
   go through customs formality

2. 办   升学   手续
   bàn   shēngxué   shǒuxu
   go through university enrolment formality

3. 办   签证   手续
   bàn   qiānzhèng   shǒuxu
   go through visa formality

---

2. 等 一会儿   děng yíhuì-r

Wait for a while. Other phrases that express the same meaning:

1. 等 一 等   děng yì děng
2. 等等   děng deng
3. 等 一下儿   děng yíxià-r

---

3. 要是…的话 yàoshì...dehuà

If...

1. 要是 你 不 来 的话，那 我 就 走 了。
   Yàoshì nǐ bù lái dehuà, nà wǒ jiù zǒu le.
   If you do not come, I'll leave.

2. 要是 他 不 说 的话，那 就 算 了。
   Yàoshì tā bù shuō dehuà, nà jiù suàn le.
   If he does not say it, do not bother.

3. 要是 你们 不 想 去 的话 那 就 甭 去 了。
   Yàoshì nǐmen bù xiǎng qù dehuà, nà jiù béng qù le.
   If we do not want to go, then do not go.

Key sentence construction

1.

				dào	arrive
				到	
			méi	dào	not arrive
			没	到	
		hái	méi	dào	still not arrive
		还	没	到	
	zěnme	hái	méi	dào	how come still not arrive
	怎么	还	没	到	
xíngli	zěnme	hái	méi	dào	luggage how come still not arrive
行李	怎么	还	没	到	

2.

			yí huì-r	a while
			一会儿	
		děng	yí huì-r	wait a while
		等	一会儿	
	děi	děng	yí huì-r	have to wait a while
	得	等	一会儿	
hái	děi	děng	yí huì-r	still have to wait a while
还	得	等	一会儿	

3.
| | | | | shǒuxu | formality |
| | | | | 手续 | |

| | | | shénme | shǒuxu | what formality |
| | | | 什么 | 手续 | |

| | | bàn | shénme | shǒuxu | go through what formality |
| | | 办 | 什么 | 手续 | |

| | děi | bàn | shénme | shǒuxu | have to go through what formality |
| | 得 | 办 | 什么 | 手续 | |

zài hǎiguān děi bàn shénme shǒuxu — at customs have to go through what formality
在 海关 得 办 什么 手续

4.
rùjìng kǎ — entrance card
入境 卡

hùzhaò hé rùjìng kǎ — passport and entrance card
护照 和 入境 卡

nínde hùzhào hé rùjìng kǎ — your passport and entrance card
您的 护照 和 入境 卡

kàn nínde hùzhào hé rùjìng kǎ — see your passport and entrance card
看 您的 护照 和 入境 卡

5.
yīmèi-r — e-mail
伊妹儿

fā ge yīmèi-r — send an e-mail
发 个 伊妹儿

gěi péngyou men fā ge yīmèi-r — to friends send an e-mail
给 朋友 们 发 个 伊妹儿

xiǎng gěi péngyou men fā ge yīmèi-r — want to friends send an e-mail
想 给 朋友 们 发 个 伊妹儿

wǒ xiǎng gěi péngyou men fā ge yīmèi-r — I want to friends send an e-mail
我 想 给 朋友 们 发 个 伊妹儿

Exercise

1. Make a phrase by combining two or three of the following words:

1. 屏幕　　　　píngmù
2. 一会儿　　　yíhuì-r
3. 电子　　　　diànzǐ
4. 手续　　　　shǒuxu
5. 厕所　　　　cèsuǒ
6. 办　　　　　bàn
7. 伊妹儿　　　yīmèi-r
8. 上　　　　　shàng
9. 发 个　　　　fā ge
10. 等　　　　　děng

2. Complete the following sentences by filling in the missing words:

1. 行李 _____ 没　到 ？
   Xíngli _____ méi　dào?

2. _____ 上　说，还　得　　等　一会儿 。
   _____ shàng shuō, hái　děi　　děng yí huì-r.

3. 在 海关　得 办 _____ 手续 。
   Zài hǎiguān děi bàn _____ shǒuxù.

4. 格林　　太太　想　　上　　趟 _____ 。
   Gélín　　tàitai　xiǎng　shàng tàng _____ .

5. 要　是　急 _____ ，咱们　可以　先　走 。
   Yào　shì　jí _____ , zánmen　kěyǐ　xiān　zǒu.

3. Make a new sentence by using the substitute words given:

1. _____ 怎么　　还　没　到 ？
   _____ zěnme　　hái　méi　dào?

   a. 她　　　tā
   b. 信　　　xìn
   c. 火车　　huǒchē

2. _____ 上　说　还　得　几　天 。

_____ shàng shuō hái děi jǐ tiān.

   a.　报纸　　　　　　　　bàozhǐ
   b.　电子 屏幕　　　　　　diànzǐ píngmù
   c.　广播　　　　　　　　guǎngbō

3. 他们　就　看看 您的 _____ 和 _____ 。

Tāmen jiù kànkan nínde _____ he _____ .

   a.　车票/身份证　　　chēpiào/ shēnfèn zhèng
   b.　报纸/杂志　　　　bàozhǐ/ zázhì
   c.　钱包/日记　　　　qiánbāo/ rìjì

4. 我　得　先　上　趟 _____ 。

Wǒ děi xiān shàng tàng _____ .

   a.　厕所　　　　　　　cèsuǒ
   b.　商店　　　　　　　shāngdiàn
   c.　北京　　　　　　　Běijīng

5. 我　想　给　朋友　们 _____ 。

Wǒ xiǎng gěi péngyou men _____ .

   a.　发个伊妹儿　　　fā ge yīmèi-r
   b.　打个电话　　　　dǎ ge diànhuà
   c.　写封信　　　　　xiě fēng xìn

6. 要是 _____ 的话，咱们　先　走　吧 。

Yàoshì _____ dehuà, zánmen xiān zǒu ba.

   a.　急　　　　　　　　jí
   b.　冷　　　　　　　　lěng
   c.　没时间　　　　　　méi shíjiān

4. Translate the following sentences:

1. 行李　没　到，是　因为　车　坏　了 。

Xíngli méi dào, shì yīnwèi chē huài le.

2. 电子　屏幕 上　还　没有 消息 。

Diànzǐ píngmù shàng hái méiyǒu xiāoxi.

3. 他们　在　海关　还　得　办　入境 手续 。

Tāmen zài hǎiguān hái děi bàn rùjìng shǒuxu.

4. 入境　　手续　　很　简单
　　Rùjìng　shǒuxu　hěn jiǎndān.

5. 大多数　机场　都 有 商店、　餐馆儿、网吧 和 厕所。
　　Dà duōshù　jīchǎng dōu yǒu shāngdiàn, cānguǎn-r,　wǎngbā hé cèsuǒ.

6. 您要是 不 急　的话，就　和　我们　一起　　去。
　　Nín yàoshì bù jí　dehuà,　jiù hé　wǒmen yìqǐ　qù.

7. 机场　　就　有　酒吧，您 甭　去 别的 地儿 找　了。
　　Jīchǎng jiù yǒu jiǔbā, nín béng qù biéde dì-r　zhǎo le.

5. Dialogue:

1. A: 行李 怎么 还 没 到，真 急 人。
   B: 别 着 急，一会儿 就 到。
   A: 噢，来 了。

   A: Xíngli zěnme hái méi dào, zhēn jí rén.
   B: Bié zháo jí, yíhuì-r jiù dào.
   A: Ào, lái le.

2. A: 劳驾，我 该 在 什么 地方儿 取行李？
   B: 您 坐 哪 趟 飞机 来 的？
   A: 中国 民航 CA 375。
   B: 快 了，一会儿 就 到。
   A: 谢谢。

   A: Láojià, wǒ gāi zài shénme dìfang-r qǔ xíngli?
   B: Nín zuò nǎ tàng fēijīng lái de?
   A: Zhōngguó mínháng CA 375.
   B: Kuài le, yíhuì-r jiù dào.
   A: Xièxie.

3. A: 飞机 几 点 起飞？
   B: 8 点 过 5 分。
   A: 我 该 在 哪 个 登机口 儿 上 飞机？
   B: 您 看看 电子 屏幕 就 知道 了。
   A: 电子 屏幕 上 没有 消息。

B: 那 是 因为 还 太早。 您 再 等 一会儿 吧。

A: 好， 谢谢。

A: Fēijī jǐ diǎn qǐfēi?

B: Bā diǎn guò wǔ fēn.

A: Wǒ gāi zài nǎ ge dēngjīkǒu-r shàng fēijī?

B: Nín kànkan diànzǐ píngmù jiù zhīdao le.

A: Diànzǐ píngmù shàng méiyǒu xiāoxi.

B: Nà shì yīnwèi hái tài zǎo. Nín zài děng yíhuì-r ba.

A: Hǎo, xièxie.

4. A: 劳驾， 公共 厕所 在 哪儿？

   B: 您 看， 就 在 那儿。

   A: 是 收费 厕所 吗？

   B: 是， 两 毛 钱 一 位。

   A: 好， 谢谢。

   A: Láojià, gōnggòng cèsuǒ zài nǎ-r?

   B: Nín kàn, jiù zài nà-r.

   A: Shì shōufèi cèsuǒ ma?

   B: Shì, liǎng máo qián yí wèi.

   A: Hǎo, xièxie.

5. A: 劳驾， 机场 有 没有 健身房？

   B: 有 啊， 您 看， 在 那儿。

   A: 多 谢！

   A: Láojià, jīchǎng yǒu méi yǒu jiànshēnfáng?

   B: Yǒu a, nín kàn, zài nà-r.

   A: Duō xiè!

6. A: 那些 人 排队 干嘛？

   B: 噢， 他们 等 着 付 机场 费。

   A: 所有 的 机场 都 收 机场 费 吗？

   B: 有的 收， 有的 不 收。

   A: Nà/Nèixiē rén páiduì gànmá?

B: Ào, tāmen děng zhe fù jīchǎng fèi.

A: Suǒyǒu de jīchǎng dōu shōu jīchǎng fèi ma?

B: Yǒude shōu, yǒude bù shōu.

New words for exercises

1.	报纸	bàozhǐ	newspaper
2.	广播	guǎngbō	broadcast
3.	杂志	zázhì	magazine
4.	钱包	qiánbāo-r	purse
5.	日记	rìjì	diary
6.	写信	xiěxìn	write a letter
7.	封	fēng	a measure word (classifier) for letter
8.	因为	yīnwèi	because
9.	坏 (了)	huài (le)	does not work
10.	消息	xiāoxi	news
11.	简单	jiǎndān	simple
12.	大多数	dà duōshù	most
13.	酒吧	jiǔbā	bar
14.	急	jí	urgent
15.	真急人	zhēn jí rén	It makes me worried
16.	取	qǔ	to get, to fetch
17.	中国民航	Zhōngguó mínháng	China airline
18.	起飞	qǐfēi	take off
19.	登机口	dēng jīkǒu	boarding gate
20.	收费	shōufèi	fee
21.	健身房	jiànshēnfáng	gymnasium
22.	排队	páiduì	queue
23.	干嘛	gànmá	doing what, why, how come
24.	有的…有的…	yǒude ... yǒude ...	some ... some ...

Reading Review

这 个 星期 格林 先生 很 忙。 他 去 了 银行、 美国 使馆。 在 去 上海 出差 之前, 他 还 去 机场 接 他 夫人。 他 夫人 刚 从 美国 来。

格林 先生 不 知道 银行 在 哪儿, 也 不 知道 有 多 远。 他 就 问 一 个 过路人。 这 个 过路人 告诉 他 银行 不 太 远, 大约 走 十 分钟。

到 了 银行, 格林 先生 换 了 1,000 美元 的 人民币。 那天 人民币 和 美元 的 兑换率 是 1:8.60。 然后, 他 还 开 了 个 帐户。 开 帐户 时, 那 个 职员 看 了 他的 护照。

美国 使馆 很 远, 非 得 坐车 去 不行。 格林 先生 是 坐 出租 车 去 的, 没有 坐 公共 汽车, 或者 地铁。 因为 还得 倒车。

格林 先生 打算 下 星期四 去 上海。 他 预订 了 特快 卧铺 票, 还 在 上海 饭店 预订 了 房间。 房间 可 不 便宜, 住 一 个 晚上 收 2,000 块 人民币。

格林 先生 去 机场 接 他 夫人, 她 是 第 一 次 来 中国, 对 首都 机场 不 很 熟悉。 免不了 有时候 着急 上火。

Zhè/Zhèi ge xīngqī Gélín xiānsheng hěn máng. Tā qù le yínháng, Měiguó Shǐguǎn. Zài qù Shànghǎi chūchāi zhīqián, tā hái qù jīchǎng jiē tā fūren. Tā fūren gāng cóng Měiguó lái.

Gélín xiānsheng bù zhīdao yínháng zài nǎ-r, yě bù zhīdao yǒu duōyuǎn. Tā jiù wèn yí ge guòlù rén. Zhè ge guòlù rén gàosu tā yínháng bú tài yuǎn, dàyuē zǒu shí fēnzhōng.

Dào le yínháng, Gélín xiānsheng huàn le yìqiān Měiyuán de Rénmínbì. Nà/Nèi tiān, Rénmínbì hé Měiyuán de duìhuàn lù shì yī bǐ bā diǎn-r liù. Ránhòu, tā hái kāi le ge zhànghù. Kāi zhànghù shí, nà ge zhíyuán kàn le tāde hùzhào.

Měiguó Shǐguǎn hěn yuǎn, fēi děi zuòchē qù bùxíng. Gélín xiānsheng shì zuò chūzū chē qù de, méiyǒu zuò gōnggòng qìchē, huòzhě dìtiě.Yīnwèi háiděi dǎochē.

Gélín xiānsheng dǎsuàn xià xīngqīsì qù Shànghǎi. Tā yùdìng le tèkuài wòpù piào. Hái zài Shànghǎi Fàndiàn yùdìng le fáng jiān. Fáng jiān kě bù piányi, zhù yí ge wǎnshang shōu liǎng qiān kuài Rénmínbì.

Gélín xiānsheng qù jīchǎng jiē tā fūren, tā shì dìyī cì lái Zhōngguó, duì Shǒudū jīchǎng bù hěn shúxi. Miǎnbuliǎo yǒushíhou zháojí shànghuǒ.

This week Mr. Green was very busy. He went to a bank and the American Embassy. He also went to the airport to meet his wife, just before going to Shanghai for a business trip. His wife just came from America.

Mr. Green did not know where the bank was, nor how far away. He asked a passer-by. The passer-by told him that the bank was not far away, about 10 minutes walking.

At the bank, Mr. Green exchanged 1,000 U.S. Dollars worth of *Renminbi*, and the exchange rate that day was 1: 8.60. After that, he arranged to open an account. The clerk demanded to look at his passport.

The American Embassy is very far away, and Mr. Green had to take some form of transport. He took a taxi instead of a bus or the train where he would have to change.

Mr. Green intended to go to Shanghai next Thursday. He reserved an express sleeping berth ticket. Also he reserved a room in a Shanghai Hotel. The price is not cheap, one has to pay 2,000 *kuai* for one night.

Mr. Green went to the airport to meet his wife, who came to China for the first time. She was not very familiar with the Capital Airport, it's inevitable that sometimes she may have been a little disorientated.

New words

1. 在…之前	zài... zhīqián	before
2. 出差	chūchāi	go for an official trip.
3. 接	jiē	to meet
4. 过路人	guòlùrén	passer-by
5. 非得…不行	fēiděi ... bùxíng	must, have to
6. 熟悉	shúxi	familiar
7. 免不了	miǎnbuliǎo	unavoidable
8. 着急	zháojí	worry
9. 上火	shànghuǒ	get angry

Exercise

1. Answer the following questions:

1. 这 个 星期 格林 先生 都 作 什么 了？
   Zhè ge xīngqī Gélín xiānsheng dōu zuò shénme le?

2. 格林 先生 去 银行 干 什么 了？
   Gélín xiānsheng qù yínháng gàn shénme le?

3. 美元 和 人民币 的 兑换 率 是 多少？
   Měiyuán hé Rénmínbì de duìhuàn lù shì duōshao?

4. 格林 先生 换 了 多少 美元 的 人民币？
   Gélín xiānsheng huàn le duōshao Měiyuán de Rénmínbì?

5. 格林 先生 是 怎么 去 的 美国 使馆？
   Gélín xiānsheng shi zěnme qù de Měiguó Shíguǎn

6. 格林 先生 什么 时候 去 上海 出差？
   Gélín xiānsheng shénme shíhou qù Shànghǎi chūchāi?

7. 他   在   哪个   饭店   预订   了   房间 ?
    Tā zài nǎ/něi ge fàndiàn   yùdìng le fángjiān?

8. 格林   先生   去   机场   接   谁 ?
    Gélín xiānsheng qù jīchǎng jiē shéi?

2. Translate the following sentences:

1. 这 个   星期 格林 先生   很   忙。
    Zhèi ge xīngqī Gélín xiānsheng   hěn máng.

2. 格林   先生   的   夫人 刚   从   美国   来。
    Gélín xiānsheng de fūren gāng cóng Měiguó lái.

3. 在 去   上海   出差   之前，他 预订   了 房间。
    Zài qù Shànghǎi chūchāi zhīqián, tā yùdìng le fángjiān.

4. 在 银行   有   个   帐户   很   方便。
    Zài yínháng yǒu ge zhànghù hěn fāngbian.

5. 北京 IT 公司 离 美国   使馆   很   远，非得 打的   不行。
    Běijīng IT Gōngsī lí Měiguó Shǐguǎn hěn yuǎn, fēiděi dǎdī bùxíng.

6. 去 美国   使馆   可以 坐 公共   汽车、火车、 地铁。
    Qù Měiguó Shǐguǎn kěyǐ zuò gōnggòng qìchē, huǒchē, dìtiě.

7. 上海   饭店   的   房间   比较 贵。
    Shànghǎi Fàndiàn de fángjiān bǐjiào guì.

3. Discussion:

1. What would you say if you want to ask someone if there is a bank nearby?

2. How would you answer a person who asks directions to:
    a. go straight ahead and
    b. turn left?

3. Tell your taxi driver that you are going to be late, and ask him to drive a little faster.

4. Ask a passer-by which bus should you take, if you want to reach the *Tian'an men* Square.

5. How would you tell your friend that you are going to *Shanghai* for a business trip.

6. How would you book a ticket for yourself to travel *Shanghai, Xi'an, Nanjing,* and *Guilin.*

7. Now share with your friends any past travel experiences you may have had in China.

New words for exercises

1. 刚   gāng   just

2. 方便   fāngbian   convenient

3. 离…不远   lí ... bù yuǎn   not far away from   *lit.* from ... not far

4. 比较   bǐ jiào   compare/ relatively

Lesson 21

Inviting Friends out

Mr. Green and Mrs. Green are invited out for an evening.

小 田 ： 格林 先生， 今天 晚上 您 和 您 太太 有空儿 吗？

格林 ： 有 哇， 怎么， 有 什么 事儿 吗？

小 田 ： 咱们 去 看 场 京剧 好 不好？

格林 ： 太 好 了。 在 哪儿 演？ 是 什么 剧？

小 田 ： 在 首都 剧场，是 有名儿 的 传统 剧，叫"十五贯"。

格林 ： 好 啊， 5 点钟 以后 我们 有空儿。

小 田 ： 6 点 一 刻， 我 在 剧场 门口 等 您， 不见不散。

Xiǎo tián ： Gélín xiānsheng, jīntiān wǎnshang nín hé nín tàitai yǒukòngr ma?

Gélín ： Yǒu wa, zěnme, yǒu shénme shì-r ma?

Xiǎo tián ： Zánmen qù kàn chǎng jīng jù hǎo bu hǎo?

Gélín ： Tài hǎo le. Zài nǎ-r yǎn? Shì shénme jù?

Xiǎo tián ： Zài Shǒudū Jùchǎng, shì yǒumíng-r de chuántǒng jù, jiào "Shíwǔ guàn".

Gélín ： Hǎo a, wǔ diǎnzhōng yǐhòu wǒmen yǒukòng-r.

Xiǎo tián ： Liù diǎn yí kè, wǒ zài jùchǎng ménkǒu-r děng nǐmen, Bú jiàn bú sàn.

Young Tian ： Mr. Green, are you and your wife free this evening?

Green   : Yes, we are, anything interesting on?

Young Tian : How about we go to a theatre?

Green   : That's wonderful. Which one (is going to perform), and when?

Young Tian : At the Capital Theatre, there's a well-known classical Beijing opera, called *Fifteen Bunches of Money*.

Green   : OK! 5 o'clock, We'll be free after 5 o'clock.

Young Tian : I'll wait for you at the entrance of the theatre at quarter past six, see you there for sure.

New words

1.	有空儿	yǒukòngr	free
2.	咱们	zánmen	we
3.	场	chǎng	a measure word
4.	京剧	jīngjù	Beijing opera
5.	演	yǎn	to show
6.	首都剧场	Shǒudū Jùchǎng	the Capital Theatre
7.	传统	chuántǒng	tradition, classic
8.	贯	guàn	a measure word for money in the past
9.	刻	kè	a quarter
10.	散	sàn	scatter

Grammar

1. 看 场 京剧   kàn chǎng jīng jù

To see a Beijing Opera. 场 chǎng, a measure word for a play or a movie etc. For example:

一 场 京剧	yì chǎng jīng jù (Beijīng opera)
一 场 电影	yì chǎng diànyǐng-r (movie)
一 场 木偶 戏	yì chǎng mùǒu xì (fantoccini)
一 场 话剧	yì chǎng huà jù (Modern drama)

Notes

1. 十五贯   Shíwǔ guàn

The name of a classical drama. It's about a upright judge dealing with a complicated case.

2. 不 见 不 散   bú jiàn bú sàn

An indented phrase frequently used when making an appointment with someone. It means we do not go away, until we meet each other.

Key sentence construction

1.

				ma	a particle
				吗	
			yǒukòng-r	ma	free
			有空儿	吗	
		nín	yǒukòng-r	ma	you free
		您	有空儿	吗	
	wǎnshang	nín	yǒukòng-r	ma	evening you free
	晚上	您	有空儿	吗	
jīntiān	wǎnshang	nín	yǒukòng-r	ma	this evening you free
今天	晚上	您	有空儿	吗	

2.

				hǎo	Ok
				好	
				bù hǎo	not Ok
				不好	
				hǎo bu hǎo	Ok not Ok
				好不好	
	kàn	chǎng	jīngjù hǎo bu hǎo		see Beijing opera Ok not Ok
	看	场	京剧 好不好		
	qù kàn	chǎng	jīngjù hǎo bu hǎo		go see Beijing opera Ok not Ok
	去看	场	京剧 好不好		
zánmen	qù kàn	chǎng	jīngjù hǎo bu hǎo		we go see Beijing opera Ok not Ok
咱们	去看	场	京剧 好不好		

3.

				jù	play
				剧	
			chuántǒng	jù	classical play
			传统	剧	
		yǒumíng-r de	chuántǒng	jù	well-known classical play
		有名儿 的	传统	剧	
	shì	yǒumíng-r de	chuántǒng	jù	is well-known classical play
	是	有名儿 的	传统	剧	
zhè	shì	yǒumíng-r de	chuántǒng	jù	this is well-known classical play
这	是	有名儿 的	传统	剧	

4.
				nín	you
				您	
			děng	nín	wait you
			等	您	
	zài...	ménkǒu-r	děng	nín	at ... entrance wait you
	在	门口儿	等	您	
	zài jùchǎng	ménkǒu-r	děng	nín	at theatre entrance wait you
	在 剧场	门口儿	等	您	
wǒ	zài jùchǎng	ménkǒu-r	děng	nín	I at theatre entrance wait you
我	在 剧场	门口儿	等	您	

Exercise

1. Make a phrase by combining two or three of the following words:

1. 有空儿   yǒukòng-r
2. 咱们   zánmen
3. 演京剧   yǎn jīngjù
4. 首都 剧场   shǒudū jùchǎng
5. 六点一刻   liù diǎn yí kè
6. 不见不散   bú jiàn bú sàn
7. 十五贯   shíwǔ guàn
8. 在门口儿见   zài ménkǒu-r jiàn
9. 格林先生和夫人 Gélín xiānsheng hé fūren

2. Complete the following sentences by filling in the missing words:

1. 今天   晚上   您 _____吗？
   Jīntiān   wǎnshang   nín _____ma?

2. 您有 _____事儿 吗？
   Nín yǒu _____shì-r   ma?

3. 咱们   去 _____场   京剧 好 不   好？
   Zánmen   qù _____chǎng jīngjù hǎo bu   hǎo?

4. 这 是 _____的 传统   剧。
   Zhè shì _____ de chuántǒng   jù.

5. 我 在 剧场 _____等 您。不 _____不 _____。

Wǒ zài   jùchǎng _____ děng nín, bú _____bú _____.

3. Make a new sentence by using the substitute words given:

1. 今天   晚上   您 _____吗？

Jīntiān   wǎnshang   nín _____ma?

   a. 有事儿   yǒu shì-r
   b. 有空儿   yǒu kòng-r
   c. 能 出来   néng chūlai
   d. 有 时间   yǒu shíjiān

2. 您 有 _____吗？

Nín yǒu _____ ma?

   a. 什么 事儿   shénme shì-r
   b. 时间   shíjiān
   c. 兴趣   xìngqù

3. 咱们   去 _____，好   不   好？

Zánmen   qù _____ , hǎo bu hǎo?

   a. 看 场 电影儿   kàn chǎng diànyǐng-r
   b. 看 场 京剧   kàn chǎng jīngjù
   c. 听 音乐会   tīng yīnyuè huì
   d. 逛 公园   guàng gōngyuán-r
   e. 故宫   Gùgōng
   f. 颐和园   Yíhéyuán

4. 这 是 _____的   传统   剧。

Zhè shì _____ de chuántǒng   jù

   a. 有名儿   yǒu míng-r
   b. 著名   zhùmíng
   c. 北京 地区   Běijīng dìqū
   d. 上海   Shànghǎi
   e. 我 喜欢   wǒ xǐhuan

5. 咱们   _____ 在 门口儿   见。

Zánmen _____ zài ménkǒu-r   jiàn.

   a. 六 点 一 刻   liù diǎn yí kè

b. 下午 两点   xiàwǔ liǎng diǎn

c. 上午 九点   shàngwǔ jiǔ diǎn

d. 星期 五 15.00 点   Xīngqī wǔ shíwǔ diǎn

e. 这 个 礼拜 天 10.00 点   zhèi ge lǐbài tiān shí diǎn

6. 咱们   在 _____ 见，不   见   不   散。

   Zánmen   zài _____ jiàn,   bú   jiàn   bú   sàn.

a. 剧场 门口 儿   jīchǎng ménkǒu-r

b. 那个 咖啡 店   nèi ge kāfēi diàn

c. 北京 饭店   Běijīng Fàndiàn

d. 音乐 厅   yīnyuè tīng

4. Dialogue:

1. A: 您 今晚 有空儿 吗？

   B: 有 哇 ！

   A: 咱们 去 看 京剧 好 不 好 ？

   B: 好 哇 ！

   A: Nín jīnwǎn yǒukòng-r ma?

   B: Yǒu wa!

   A: Zánmen qù kàn jīngjù hǎo bu hǎo?

   B: Hǎo wa!

2. A: 今晚儿 咱们 去 看 场 电影儿 好 不 好 ？

   B: 好 哇 ！ 去 哪儿 ？

   A: 去 首都 电影院。

   B: 好 , 你 说 几 点 吧。

   A: 五点 怎么样 ？

   B: 好 , 在 门口 儿 , 不 见 不 散。

   A: Jīnwǎn-r zánmen qù kàn chǎng diànyǐng-r hǎo bu hǎo?

   B: Hǎo wa! Qù nǎ-r?

   A: Qù Shǒudū Diàyǐngyuàn.

   B: Hǎo, nǐ shuō jǐ diǎn ba.

   A: Wǔ diǎn zěnmeyàng?

   B: Hǎo, zài ménkǒu-r, bú jiàn bú sàn.

3. A: 您 对 越 剧 感 兴 趣 吗 ？

    B: 很 感 兴 趣 。

    A: 咱们 找 个 时间 去 看 一 场 吧 。

    B: 好 ！

    A: Nín duì Yuèjù gǎn xìngqù ma?

    B: Hěn gǎn xìngqù.

    A: Zánmen zhǎo ge shíjiān qù kàn yì chǎng ba.

    B: Hǎo!

New words for exercises

1.	对…感兴趣	duì ... gǎn xìngqù	is interested in ...
2.	音乐会	yīnyuè huì	concert
3.	逛	guàng	to go around, stroll
4.	故宫	Gùgōng	the Forbidden City
5.	著名	zhùmíng	famous, well-known
6.	地区	dìqū	region
7.	咖啡店	kāfēi diàn	coffee bar
8.	音乐 厅	yīnyuè tīng	concert hall
9.	越剧	Yuèjù	a local play from Shanghai region

Inviting Friends Home

Ms. Ding invites Mr. Green, Mrs. Green and Young Tian to her home.

A. Offering Tea

丁　　　　　： 哟！ 你们 来 了。 快 请 坐， 格林 先生，
　　　　　　　格林 夫人， 小 田， 来， 先 喝茶。

格林 先生
格林 夫人 ： 好， 谢谢！

丁　　　　　： 小 田， 来。

小 田　　　： 不喝， 不喝， 别 麻烦 了。

丁　　　　　： 喝 吧， 喝 吧， 客气 什么？

小 田　　　： 好， 那 我 就 不 客气 了。 我们 真 给 您
　　　　　　　添 麻烦 了。

丁　　　　　： 哪里， 哪里。

Dīng　　　　　　　　： Yòu! Nǐmen lái le. Kuài qǐng zuò, Gélín xiānsheng, Gélín
　　　　　　　　　　　 fūren, Xiǎo Tián, lái, xiān hēchá.

Gélín xiānsheng &
Gélín fūren　　　　　： Hǎo, Xièxie!

Dīng　　　　　　　　： Xiǎo Tián, lái.

Xiǎo Tián　　　　　： Bù hē, bù hē, bié máfan le.

Dīng　　　　　　　　： Hē ba, hē ba, kèqi shénme?

Xiǎo Tián　　　　　： Hǎo, nà wǒ jiù bú kèqi le. Wǒmen zhēn gěi nín tiān máfan le.

Dīng　　　　　: Nǎlǐ, nǎlǐ.

Ding　　　: Oh! You've arrived. Come on in please. Mr. Green, Mrs. Green, and Young Tian. Come on, have some tea first.

Mr. Green &

Mrs. Green : OK, thank you very much indeed.

Ding　　　: Young Tian, come on.

Young Tian : No, no, please do not trouble yourself.

Ding　　　: Just drink it, it's my pleasure.

Young Tian : OK, in that case, I'll drink it. We really give you trouble.

Ding　　　: Not at all.

B. Paying a Complement

丁　　　　：我 炒 了 两 个 菜， 这 就 得。

格林 先生

格林 夫人 ：听说 您 的 菜 炒 得 很 不错。

丁　　　　：嗨呀， 不好， 不好， 过奖 了。

小 田　　 ：别 这么 麻烦 了， 咱们 就 坐着 聊 会儿 天 吧。

丁　　　　：没 什么 麻烦 的。 你们 坐。

……

格林 夫人 ：哟，这 幅 画儿 画 得 真 不错。

小 田　　 ：我 特别 喜欢 那 几 个 字。 写 得 很 别具一格。

丁　　　　：啊， 那 是 一个 朋友 送 的。 "家 中 无 字 画儿， 必 是 俗人 家"， 所以 就 挂 了 一 幅。

Dīng	: Wǒ chǎo le liǎng ge cài, zhè jiù dé.
Gélín xiānsheng &	
Gélín fūren	: Tīngshuō nínde cài chǎo de hěn búcuò.
Dīng	: Hài ya, bù hǎo, bù hǎo, guòjiǎng le.
Xiǎo Tián	: Bié zhème máfan le, zánmen jiù zuò zhe liáo huì-r tiān-r ba.
Dīng	: Méi shénme máfan de. Nǐmen zuò.
....	
Gélín fūren	: Yòu, zhèi fú huà-r huà de zhēn búcuò.
Xiǎo tián	: Wǒ tèbié xǐhuan nà/nèi jǐ ge zì. Xiě de hěn bié jù yì gé.
Dīng	: À, nà shì yí ge péngyou sòng de. " jiā zhōng wú zìhuà-r, bì shì súrén jiā", suǒyǐ jiù guà le yì fú.

Ding	: I've cooked some dishes, they are going to be ready soon.
Mr. Green &	
Mrs. Green	: We heard that you are a wonderful cook.
Ding	: Oh, no, not really, I'm flattered.
Young Tian	: Please don't go through all that trouble. How about we just sit down and have a chat?
Ding	: It's nothing! You sit
....	
Mrs. Green	: Oh, this painting is well presented.
Young Tian	: I especially like the calligraphy, it's rather unique.
Ding	: Oh that's given by a friend of mine. "The family must be illiterate, if there isn't any painting in their house." So, I hung one there.

C. Having a Meal

丁　　　　： 小 田， 你 陪着 格林 先生 和 格林 夫人
　　　　　　先吃， 啊。

格林 夫人 ： 咱们 一起 吃 吧。

丁　　　　： 你们 先 吃。 我 厨房 那儿 还 没 忙完 呐！
⋯⋯

　　　　　　来， 来， 为 友谊 干杯！ 吃菜。 这是 红烧
　　　　　　牛肉。 (布菜) 这是 宫保 鸡丁儿⋯⋯

小 田　　　： 老 丁， 您 手艺 还 真 可以。

格林 先生

格林 夫人 ： 嗯 呵， 真 香。 我们 很 喜欢 吃 中国
　　　　　　菜。

Dīng　　　　: Xiǎo Tián, nǐ péi zhe Gélín xiānsheng hé Gélín fūren xiān
chī, á!

Gélín fūren : Zánmen yìqǐ chī ba.

Dīng　　　　: Nǐmen xiān chī, wǒ chúfáng nà-r hái méi máng wán na!
... ...

Lái, lái, wèi yǒuyì gānbēi! Chī cài. Zhè shì Hóngshāo Niúròu.
(Bùcài) Zhè shì Gōngbǎo Jīdīng-r... ...

Xiǎo Tián　 : Lǎo Dīng, nín shǒuyi hái zhēn kěyi.

Gélín xiānsheng

Gélín fūren : Mmm, zhēn xiāng. Wǒmen hěn xǐhuan chī Zhōngguó cài.

Ding　　　 : Young Tian, you accompany Mr. Green and Mrs. Green and
eat first.

Mrs. Green : We eat together.

Ding : You eat first, I have got a lot to do in the kitchen.

... ... Come on, cheers, for our friendship! Have some dishes. This is deep fried beef in a dark (red) sauce, and this is Gongbao chicken... ...

Young Tian : Old Ding, you are quite talented.

Mrs. Green : Mmm... it's delicious. We like Chinese food a lot.

New words

1. 哪里	nǎlǐ	not at all *lit.* where where
2. 添麻烦	tiān máfan	give trouble
3. 炒菜	chǎocài	cook dish
4. 就	jiù	it indicates *soon* here.
5. 得	dé	finish
6. 过奖	guò jiǎng	I'm flattered
7. 聊天儿	liáotiān-r	have a chat
8. 别	bié	do not
9. 就	jiù	it indicates *only* here.
10. 幅	fú	a measure word for painting, photo.
11. 画儿	huà-r	painting
12. 特别	tèbié	special
13. 别具一格	bié jù yì gé	unique
14. 无	wú	have not
15. 必	bì	must
16. 俗人	súrén	person who is vulgar
17. 所以	suǒyǐ	therefore
18. 陪	péi	company
19. 厨房	chúfáng	kitchen

20.	忙完	máng wán	finished *lit.* busy finish
21.	为…干杯	wèi … gānbēi	toast for … *lit.* for … toast
22.	友谊	yǒuyì	friendship
23.	红烧	hóngshāo	deep fried and then cooked in red soy sauce.
24.	宫保	gōngbǎo	a special way of cooking of Sichuan style.
25.	喜欢	xǐhuan	like

Grammar

1. 您的 菜 炒 得 很 不错   nínde cài chǎo de hěn búcuò

You are quite skilled.   *lit.* Your dish stir fried not bad. This is a rather strange structure to a second language learner. Linguistically, 很 不错 hěn bú cuò is a complement of 炒 chǎo, i.e. adding more information for the 炒 chǎo. It indicates the result 不错 bú cuò has been achieved, (rather than stir fry an item). The character 得 de is used to indicate such a relationship between 很不错 hěn bú cuò and 炒 chǎo. Compare two types of structure:

stir fry an item (without the 得 de):

炒 肉	chǎo ròu	stir fry meat
炒 青菜	chǎo qīngcài	stir fry vegetable
炒 面	chǎo miàn	stir fry noodles

showing the achievement of the result for stir fry (with the 得 de):

炒得好	chǎo <u>de</u> hǎo	stir fry well
炒得不好	chǎo <u>de</u> bù bǎo	stir fry badly
炒得很香	chǎo <u>de</u> hěn xiāng	stir fry deliciously

More examples:

| 画得不错 | huà <u>de</u> búcuò | paint not badly |
| 写得很别具一格 | xiě <u>de</u> hěn bié jù yì gé | write very uniquely |

2. 着　zhe

A mark for present continuing tense. e.g. I am eating. Here are more examples:

1. 坐　　　zuò　　　sit
   坐着　　zuò <u>zhe</u>　　(*am, is, are, was...*) sit*ting*
2. 吃　　　chī　　　eat
   吃着　　chī <u>zhe</u>　　(*am, is, are, was ...*) eat*ing*

Notes

1. 不喝，不喝　bù hē, bù hē

(I) do not want to drink.　A Chinese courtesy. When invited by a Chinese friend home, you should always say "no" couple of times, before taking any offer.

2. 哪里，　哪里　nǎlǐ, nǎlǐ

Not at all.　A Chinese way of saying not at all.

3. 这就得　zhè jiù dé

It'll be done soon.　得 <u>dé</u>, here read as <u>dé</u>, meaning *done*, or finished and 就 <u>jiù</u> indicates soon.

4. 过奖了　guò jiǎng le

Not at all.　*lit.* over praised. A Chinese way of showing modesty.

5. 你们 先 吃 吧   Nǐmen xiān chī ba

You eat first. A Chinese way of showing kindness. The host would always cook in the kitchen, serve the dishes one after the other, and then eat last.

6. 布菜   bùcài

Distribute dishes on the table. A Chinese courtesy. The host would always distribute the dishes into your bowl.

Key sentence construction

1.

					le	particle
					了	
			tiān	máfan	le	give trouble
			添	麻烦	了	
		gěi	nín	tiān	máfan	le	to you give trouble
		给	您	添	麻烦	了	
	zhēn	gěi	nín	tiān	máfan	le	really to you give trouble
	真	给	您	添	麻烦	了	
wǒmen	zhēn	gěi	nín	tiān	máfan	le	we really to you give trouble
我们	真	给	您	添	麻烦	了	

2.

					búcuò	not wrong
					不错	
				hěn	búcuò	very not wrong
				很	不错	
		chǎo	de	hěn	búcuò	stir fry very not wrong
		炒	得	很	不错	
	cài	chǎo	de	hěn	búcuò	dish stir fry very not wrong
	菜	炒	得	很	不错	
	nínde cài	chǎo	de	hěn	búcuò	your dish stir fry very not wrong
	您的菜	炒	得	很	不错	
tīngshuō	nínde cài	chǎo	de	hěn	búcuò	heard your dish stir fry very not wrong
听说	您的菜	炒	得	很	不错	

3.

					ba	particle
					吧	
		liáo ...		tiān-r	ba	have a chat
		聊 ···		天儿	吧	
		liáo	huì-r	tiān-r	ba	have a brief chat
		聊	会儿	天儿	吧	
	zuò zhe	liáo	huì-r	tiān-r	ba	sit have a brief chat
	坐 着	聊	会儿	天儿	吧	
zánmen	zuò zhe	liáo	huì-r	tiān-r	ba	we sit have a brief chat
咱们	坐 着	聊	会儿	天儿	吧	

4.

					bié jù yì gé	unique
					别具一格	
			xiě	de	bié jù yì gé	write unique
			写	得	别具一格	
		zì	xiě	de	bié jù yì gé	character write unique
		字	写	得	别具一格	
	jǐ ge	zì	xiě	de	bié jù yì gé	several character write unique
	几 个	字	写	得	别具一格	
nà	jǐ ge	zì	xiě	de	bié jù yì gé	those several character write unique
那	几 个	字	写	得	别具一格	

5.

		gānbēi	empty glass
		干杯	
	wèi ...	gānbēi	for ... empty glass
	为	干杯	
	wèi yǒuyì	gānbēi	for friendship empty glass
	为 友谊	干杯	

Exercise

1. **Make a phrase by combining two or three of the following words:**

   1. 客气　　　　kèqi
   2. 麻烦　　　　máfan
   3. 不　　　　　bù
   4. 添　　　　　tiān
   5. 友谊　　　　yǒuyì
   6. 聊天儿　　　liáotiān-r
   7. 坐着　　　　zuò zhe
   8. 不错　　　　bú cuò
   9. 炒得　　　　chǎo de
   10. 为…干杯　　wèi … gānbēi
   11. 真　　　　　zhēn
   12. 可以　　　　kěyǐ

2. **Complete the following sentences by filling in missing words:**

   1. 听说　您的　菜　炒　得 _____ 。
      Tīngshuō nínde cài chǎo de _____.

   2. 这　幅　画儿　画　得 _____ 。
      Zhèi fú huà-r huà de _____.

   3. 这　几　个　字　写　得 _____ 。
      Zhèi jǐ ge zì xiě de _____.

   4. 咱们　就 _____ 着　聊　会儿 天儿 吧。
      Zánmen jiù _____ zhe liáo huì-r tiān-r ba.

   5. 您　手艺　还　真 _____ 。
      Nín shǒuyi hái zhēn _____.

3. **Make a new sentence by using the substitute words given:**

   1. 别 _____ 了 。
      Bié _____ le.

      a. 麻烦　　　máfan
      b. 倒茶　　　dàochá
      c. 忙活　　　mánghuo

2. 那 我 就 _____了。
   Nà wǒ jiù _____le.

   a. 不 客气   bú kèqi
   b. 先 走   xiān zǒu
   c. 开始 吃   kāishǔ chī

3. 听说 您的 菜 炒 得 _____。
   Tīngshuō nínde cài chǎo de _____.

   a. 不 错   bú cuò
   b. 很 香   hěn xiāng
   c. 很 有 滋味   hěn yǒu zīwei-r

4. 那 几 个 字 写 得 很 _____。
   Nà jǐ ge zì xiě de hěn _____.

   a. 别 具 一 格   bié jù yì gé
   b. 酷   kù
   c. 漂亮   piàoliang

5. 你 陪 着 格林 先生 先 _____。
   Nǐ péi zhe Gélín xiānsheng xiān _____.

   a. 聊 着   liáo zhe
   b. 坐 着   zuò zhe
   c. 吃 着   chī zhe

6. 为 _____干杯！
   Wèi _____gānbēi!

   a. 友谊   yǒuyì
   b. 健康   jiànkāng
   c. 重逢   chóngféng

4. Dialogue:

1 A: 您 抽 烟 吗？
   B: 没 事儿 的 时候 也 抽 一 根儿。
   A: 那 我 给 您 拿 烟 去。
   B: 快 别 麻烦 了，咱们 坐 下 说 会儿 话。
   A: 我 这 不 抽烟 的 人，也 想 不 起来 准备 烟。
   B: 您 不 会 抽烟 啊？

A: 总 也 没 学 会。

B: 那 我 也 别 抽 了。

A: 抽 吧，没 关系！

B: 别 了，还 是 不 抽 的 好。

A: Nín chōuyān ma?

B: Méi shì-r de shíhou yě chōu yì gēn-r.

A: Nà wǒ gěi nín ná yān qù.

B: Kuài bié máfan le, zánmen zuò xia shuō huì-r huà.

A: Wǒ zhè bù chōuyān de rén, yě xiǎng bù qǐlái zhǔnbei yān.

B: Nín bú huì chōuyān a?

A: Zǒng yě méi xué huì.

B: Nà wǒ yě bié chōu le.

A: Chōu ba, méi guānxi!

B: Bié le, háishì bù chōu de hǎo.

2. A: 想 喝 点儿 什么？我 这儿 什么 都 有。

B: 你 都 有 什么？

A: 啤酒、白酒、葡萄酒、香槟、茅台……

B: 嗬！你 这儿 还 真 什么 都 有。

A: 要 不然，喝 点儿 茅台 怎么样？

B: 那 感情 好。

A: 咱 哥俩儿 没 的 说。喝 吧，喝 完 再 买。

B: 是 啊！是 啊！"酒 逢 知己 千 杯 少" 啊！

A: Xiǎng hē diǎn-r shénme? Wǒ zhè-r shénme dōu yǒu.

B: Nǐ dōu yǒu shénme?

A: Pí jiǔ, bái jiǔ, pútao jiǔ, Xiāngbīn, Máotái ... ...

B: Hè! Nǐ zhè-r hái zhēn shénme dōu yǒu.

A: Yào bu rán, hē diǎn-r Máo tái zěnmeyàng?

B: Nà gǎnqing hǎo.

A: Zán gē liǎng-r méi de shuō. Hē ba, hē wán zài mǎi.

B: Shì a, shì a! " Jiǔ féng zhī jǐ qiān bēi shǎo" a!

New words for exercises

1.	倒茶	dào chá	pour tea
2.	忙活	mánghuo	busy
3.	开始	kāishǐ	start/begin
4.	吃	chī	to eat
5.	香	xiāng	delicious
6.	有 滋味儿	yǒu zīwei-r	delicious
7.	酷	kù	cool
8.	漂亮	piàoliang	beautiful
9.	健康	jiànkāng	health
10.	重逢	chóngféng	reunion
11.	抽烟	chōuyān	smoke cigarette
12.	总	zǒng	always
13.	学 会	xué huì	master *lit.* learn and can
14.	啤酒	píjiǔ	beer
15.	白酒	báijiǔ	rice wine *lit.* white wine
16.	葡萄酒	pútaojiǔ	grape wine
17.	香槟	Xiāngbīn	Champagne
18.	茅台	Máotái	a well-known wine used in national banquet
19.	嗬	hè	particle. It indicates astonishment.
20.	那 感 情 好	nà gǎnqing hǎo	that would be wonderful
21.	咱 哥俩儿	zán gēliǎng-r	we two brothers
22.	没的说	méideshuō	no fuse
23.	知己	zhī jǐ	dear friend

24. 酒 逢 知己   jiǔ féng zhī jǐ
    千 杯 少   qiān bēi shǎo

One meets a very good friend, even if we drink a thousand cups of wine with him, still feel we drank too little. An ancient Chinese poem.   *lit.* 酒 jiǔ wine, 逢 féng meet, 知己 zhī jǐ best friend, 千 qiān thousand 杯 bēi cup 少 shǎo little.

Going Shopping

Mr. Green is in a shop.

店员：您好！ 欢迎 光临。

格林：劳驾， 这 个 多少 钱？

店员：35 块 一件儿， 买 两件儿 优惠 10%。

格林：这是 丝 的 吗？

店员：是 重磅 真丝 的。

格林：好， 我 买 两件儿。

店员：请 到 那儿 交款。

　　　……

格林：请 给 我 收据。

店员：没 问题。 请 拿好。

Diànyuán : Nínhǎo! Huānyíng guānglín.

Gélín : Láojià, zhè ge duōshao qián?

Diànyuán : Sān shí wǔ kuài yíjiàn-r, mǎi liǎng jiàn-r yōuhuì bǎi fēn zhī shí.

Gélín : Zhè shì sī de ma?

Diànyuán : Shì zhòngbàng zhēnsī de.

Gélín : Hǎo, wǒ mǎi liǎng jiàn-r.

Diànyuán : Qǐng dào nà-r jiāokuǎn.

　　　… …

Gélín : Qǐng gěi wǒ shōujù.

Diànyuán　:　Méi wèntí. Qǐng náhǎo.

Store clerk　:　How do you do! Welcome to the store.

Green　　　:　Excuse me, how much for this?

Store clerk　:　35 *kuai*. You'll get 10% discount, if you purchase two.

Green　　　:　Is this silk material?

Store clerk　:　Yes, it's pure heavy silk.

Green　　　:　OK, I'll buy two of them.

Store clerk　:　Please pay over there.

　　　　　　　　... ...

Green　　　:　Receipt please.

Store clerk　:　No problem, please take care.

New words

1.	欢迎	huānyíng	welcome
2.	光临	guānglín	presence (of a guest etc.)
3.	件	jiàn-r	a measure word (for clothes)
4.	优惠	yōuhuì	discount　*lit.* privilege
5.	重磅 真丝	zhòngbàng zhēnsī	heavy silk
6.	交款	jiāokuǎn	pay　*lit.* submit the payment
7.	收据	shōujù	receipt
8.	拿好	náhǎo	keep it carefully　*lit.* keep well/safe

Grammar

---

1. 买 两 件儿 优惠 10%   Mǎi liǎng jiàn-r yōuhuì bǎi fēn zhī shí.

(If you) buy two, (we'll give you) 10% discount (privilege).   This is a rather intensive sentence.

---

2. 请 给 我 收据   Qǐng gěi wǒ shōu jù.

Give me a receipt please.   Two words follow the verb 给 <u>gěi</u>. There are some other verbs in Chinese require two nouns. Here are more examples:

  1. 他　教　我　　汉语。
     Tā　jiāo　wǒ　　Hànyù.
     He teaches me Chinese.

  2. 他　借　给　我　　书。
     Tā　jiè　gěi　wǒ　　shū.
     He lends me his book.

---

3. 拿 好   ná hǎo.

Keep (it) well.   The final word 好 <u>hǎo</u> is a complement of the verb 拿 <u>ná</u>, indicating the result has been achieved. More examples:

  1. 吃　完
     chī　wán
     finished eating
     lit. eat finished

  2. 睡　着
     shuì　zháo
     sleep
     lit. sleep up

3. 算　上

suàn shang

take into account

lit. count sth. in

Key sentence construction

1.
| | guānglín 光临 | present |
| huānyíng 欢迎 | guānglín 光临 | welcome present |

2.
		qián 钱	money
	duōshao 多少	qián 钱	how much money
zhèi ge 这个	duōshao 多少	qián 钱	this how much money

3.
		jiàn-r 件儿	measure word
	yí 一	jiàn-r 件儿	one
duōshao qián 多少 钱	yí 一	jiàn-r 件儿	how much one
zhèi ge duōshao qián 这个 多少 钱	yí 一	jiàn-r 件儿	this how much one

4.
			10%	10%
		yōuhuì 优惠	10%	privilege 10%
mǎi liǎng 买 两	jiàn-r 件儿	yōuhuì 优惠	10%	buy two privilege 10%

5.
| | kuǎn 款 | money |
| | jiāokuǎn 交款 | pay money |

	dào	nà-r	jiāokuǎn	go there pay money
	到	那儿	交款	
qǐng	dào	nà-r	jiāokuǎn	please go there pay money
请	到	那儿	交款	

Exercise

1. Make a phrase by combining two or three of the following words:

1. 光临   guānglín
2. 欢迎   huānyíng
3. 15%   bǎi fēn zhī shí wǔ
4. 优惠   yōuhuì
5. 交款   jiāokuǎn
6. 收据   shōujù
7. 给我   gěi wǒ
8. 到 那儿   dào nà-r
9. 真丝   zhēnsī
10. 买   mǎi

2. Complete the following sentences by filling in the missing words:

1. 我们   欢迎   您   的 _____ 。
   Wǒ men huānyíng   nín   de _____.

2. 这   件儿 _____ 钱 ？
   Zhèi   jiàn-r _____ qián?

3. 买 三   件儿 我   给   您 _____ 20%。
   Mǎi sān jiàn-r wǒ   gěi nín _____ bǎi fēn zhī èr shí.

4. 请   您   到   那儿 _____ 。
   Qǐng   nín   dào   nà-r _____.

5. 请问， 这   件儿 衬衫   多少   _____ 一件儿 ？
   Qǐngwèn, zhèi jiàn-r chènshān-r duōshao _____ yí jiàn-r?

3. Make a new sentence by using the substitute words given:

1. 欢迎   您   的 _____ 。
   Huānyíng nín   de _____.

a. 光临   guānglín
b. 到来   dàolái
c. 惠顾   huìgù

2. 这 _____ 多少   钱？
    Zhèi _____ duōshao   qián?

    a. 件儿   jiàn-r
    b. 套   tào
    c. 张   zhāng.
    d. 本儿   běn-r
    5. 个   gè

3. 35   块   钱   一 _____ 。
    Sān shí wǔ   kuài   qián   yī _____.

    a. 件儿   jiàn-r
    b. 打儿   dá-r
    c. 束   shù

4. 这 是 _____ 的 。
    Zhè shì _____ de.

    a. 重磅真丝   zhòng bàng zhēnsī
    b. 纯棉   chúnmián
    c. 混纺   hùnfǎng

4. Dialogue:

1. A: 您好， 欢迎光临。
    B: 多谢！ 多谢！

    A: Nínhǎo, huānyíng guānglín.
    B: Duō xiè! Duō xiè!

2. A: 请问， 这件儿大衣怎么卖？
    B: 120 块 钱 一 件儿。
    A: 谢谢。

    A: Qǐngwèn, zhèi jiàn-r dàyī zěnme mài?
    B: Yì bǎi èr shí kuài qián yí jiàn-r.
    A: Xièxie.

3. A: 劳驾，这个书桌多少钱？

   B: 350 块。买两个优惠 5%。

   A: 好，让我想想。

   A: Láo jià, zhèi ge shūzhuō-r duōshao qián?

   B: Sān bǎi wǔ shí kuài. Mǎi liǎng ge yōuhuì bǎi fēn zhī wǔ.

   A: Hǎo, ràng wǒ xiǎngxiang.

4. A: 这围巾多少钱一条？

   B: 25 块钱一条。买两条搭一条。

   A: 搭一条？

   B：啊，白送一条。

   A: Zhè wéi jīn duōshao qián yì tiáo?

   B: Èr shí wǔ kuài qián yì tiáo. Mǎi liǎng tiáo dā yì tiáo.

   A: Dā yì tiáo?

   B: À, bái sòng yì tiáo.

New words for exercises

1.	到来	dào lái	come
2.	惠顾	huì gù	present
3.	套	tào	set a measure word
4.	张	zhāng	a measure word for something that is flat, such as table, newspaper, ticket etc.
5.	本	běn	a measure word for book etc.
6.	打儿	dá-r	a measure word, 12 items.
7.	束	shù	bundle, bunch a measure word
8.	纯棉	chún mián	pure cotton
9.	混纺	hùn fǎng	mixture of texture
10.	大衣	dàyī	coat *lit.* big coat
11.	书桌儿	shūzhuō-r	desk

12.	围巾	wéi jīn	scarf
13.	条	tiáo	a measure word for something that is long. such as river, scarf, noodles etc.
14.	搭	dā	give away
15.	白送	bái sòng	give way

Bargaining

Ms. Ding has brought Mr. Green and Mrs. Green to a market at Xiushui Street.

格林　　　：这 围巾 怎么 卖？

商人　　　：90 块 一 条， 来， 买 一 条 吧？ 多 买 少
　　　　　　算， 来， 看 一 看， 选 一 选， 货 真 价
　　　　　　实！ 纯丝 的。 今年 最新 款式。

丁　　　　：90 块 可 不 便宜。

商人　　　：要 多少？ 多 买 少 算。

格林 夫人：买 10 条 多少 钱？

商人　　　：50 块 一 条， 怎么 样？ 一共 500 块。
　　　　　　这么 好 的 围巾 哪儿 找 去 呀？

（丁、格林 先生 和 格林 夫人 走 开 了，商人 追 上来 。）

商人　　　：哎， 再 少 算 点 儿， 48 块 一 条？ 45
　　　　　　块！ 怎么 样？ 不 能 再 便宜 了！

格林 夫人：不要 就是 不要， 你 干吗 老 缠 着 我们 啊？

Gélín　　　：　Zhè wéijīn zěnme mài?

Shāngrén　：　Jiǔ shí kuài yì tiáo, lái, mǎi yì tiáo ba? Duō mǎi shǎo suàn. Lái,
　　　　　　　kàn yí kàn, xuǎn yì xuǎn, huò zhēn jià shí! Chúnsī de. Jīnnián
　　　　　　　zuì xīn kuǎnshì.

Dīng　　　：　Jiǔshí kuài kě bù piányi.

Shāngrén　：　Yào duōshao? Duō mǎi shǎo suàn.

Gélín fūren : Mǎi shí tiáo duōshao qián?

Shāngrén : Wǔshí kuài yì tiáo, zěnmeyàng? Yígòng wǔ bǎi kuài. Zhème hǎo de wéijīn nǎ-r zhǎo qù a?

(Dīng, Gélín xiānsheng hé Gélín fūren zǒu kāi le, Shāngrén zhuī shànglai)

Shāngrén : Ài, zài shǎo suàn diǎn-r, sì shí bā kuài yì tiáo? Sì shí wǔ Kuài! Zěnmeyàng? Bù néng zài piányi le!

Gélín fūren : Bú yào jiù shì bù yào, nǐ gànmá lǎo chán zhe wómen a?

Green : How much is this scarf?

Merchant : 90 *kuai* for one, (Do you want to) buy one? (if you) buy more (I'll) give (you) discount. Come on, have a look, and chose one, this is really worth it! It's pure silk. It's the newest design this year.

Ding : It's certainly not cheap that (you charge) 90 *kuai* for one.

Merchant : How many do you want? (If you) buy more, (I'll) give (you) discount.

Mrs. Green : How much do you charge for 10?

Merchant : 50 *kuai* for one. Is it Ok? 500 *kuai* in total. You can't find such good value elsewhere.

(Ding and Mr. Green and Mrs. Green are leaving, and the merchant is chasing up)

Merchant : Hi, further discount, (How about) 48 *kuai* for one? 45 *kuai*? (I) can't make it cheaper than that.

Mrs. Green : We just don't want to buy from you, how come you jump up on us?

New words

1.	少	shǎo	little
2.	选	xuǎn	to choose
3.	货真价实	huò zhēn jià shí	good value *lit.* goods real price down to earth
4.	纯丝	chún sī	pure silk
5.	最新	zuì xīn	the newest
6.	款式	kuǎnshì	style
7.	便宜	piányi	cheap
8.	一共	yígòng	together
9.	不能再…了	bù néng zài … le	cannot do better than …
10.	商人	shāngrén	merchant
11.	追	zhuī	to chase
12.	干嘛	gànmá	why, how come
13.	老	lǎo	always
14.	缠着	chánzhe	be tied down

Grammar

1. 最新 zuì xīn

The newest. zuì, *lit.* the most. More examples:

1.	最好	zuì hǎo	the best
2.	最冷	zuì lěng	the coldest
3.	最热	zuì rè	the hottest
4.	最大	zuì dà	the biggest
5.	最小	zuì xiǎo	the smallest
6.	最早	zuì zǎo	the earliest

2. 不 能 再 便宜 了　bù néng zài piányi le

Can't be cheaper than this.　The full sentence is 不能比这再便宜了。
bù néng bǐ zhè zài piányi le. "比 bǐ" (*lit.* compare) is used, when compare
two things. More examples:

1. 纸　　　比　　　本子　　　　便宜。
   Zhǐ　　bǐ　　　běnzi　　　piányi.
   Paper compare note-book cheap
   Paper is cheaper than note-book.

2. 衣服　　　　比　　　　裤子　　　　贵。
   Yīfu　　　　bǐ　　　　kùzi　　　　guì
   Yifu　　　　compare　　trousers　　expensive
   Jacket is more expensive than trousers.

3. 铅笔　　　　比　　　　钢笔　　　　长。
   Qiānbǐ　　　bǐ　　　　gāngbǐ　　　cháng.
   Pencil　　　compare　　fountain-pen long
   Pencil is longer than fountain-pen.

4. 书　比　　　　杂志　　　　小。
   Shū　bǐ　　　zázhì　　　xiǎo.
   Book compare　　magazine　　small.
   Book is smaller than magazine.

3. 追 上来　zhuī shànglai

Chase up.　上来 shànglái is indicating the direction of the action, *up*
or *approach*, or towards someone.

1. 爬　上来
   pá　shànglai
   creep up

2. 跳　上来
   tiào　shànglai
   jump up

3. 拿　上来
   ná　shànglai
   take up

4. 交　上来
   jiāo shànglai
   hand in

5. 跑　上来
   pǎo shànglai
   run up (towards stairs, or mountains)

Notes

1. 怎么 卖　zěnme mài

How much? *lit.* how sell. An alternative sentence is 多少钱 ? <u>duōshao</u> <u>qián</u>? i.e. how much money?

2. 货 真 价 实　huò zhēn jià shí

Good value. *lit.* goods (are) real (and) price (is) down to earth. This is a four characters expression. There is great amount of such expression existing in Chinese. Such expression possesses great power in expression of one's thought.

Key sentence construction

1.
			mài 卖?	sell
			zěnme mài 怎么 卖?	how sell
	wéijīn 围巾		zěnme mài 怎么 卖?	scarf how sell
zhè 这	wéijīn 围巾		zěnme mài 怎么 卖?	this scarf how sell

2.
			kuǎnshì 款式	style
		xīn 新	kuǎnshì 款式	new style
	zuì 最	xīn 新	kuǎnshì 款式	the newest style
jīnnián 今年	zuì 最	xīn 新	kuǎnshì 款式	today the newest style

3.
			qián 钱	money
		duōshuo 多少	qián 钱	how much money
mǎi shí tiáo 买 十 条		duōshao 多少	qián 钱?	buy ten how much money

4.
			qu 去?	(indicating direction)
		zhǎo 找	qu 去?	find
	nǎ-r zhǎo 哪儿 找		qu 去?	where find
wéijīn 围巾	nǎ-r zhǎo 哪儿 找		qu 去?	scarf where find
hǎo de wéijīn 好 的 围巾	nǎ-r zhǎo 哪儿 找		qu 去?	good scarf where find
zhème hǎo de wéijīn 这么 好 的 围巾	nǎ-r zhǎo 哪儿 找		qu 去?	such good scarf where find

Exercise

1. **Make a phrase by combining two or three of the following words:**

   1. 卖   mài
   2. 围巾   wéijīn
   3. 怎么   zěnme
   4. 便宜   piányi
   5. 多买   duō mǎi
   6. 少算   shǎo suàn
   7. 最新   zuì xīn
   8. 款式   kuǎnshì
   9. 价实   jià shí
   10. 货真   huò zhēn

2. **Complete the following sentences by filling in the missing words:**

   1. 这   围巾   怎么 _____ ?
      Zhè   wéijīn   zěnme _____?

   2. 多 买 少 _____ 可以 吗 ?
      Duō mǎi shǎo _____ kěyǐ   ma?

   3. 看 一 看，选 一 _____，这 可是 货 真 _____ 。
      Kàn yí kàn, xuǎn yì _____, zhè kěshì huò zhēn _____.

   4. 这 是 今年 最 新 _____ 。
      Zhè shì jīnnián zuì xīn _____.

   5. 买 十 条 _____ 钱 ?
      Mǎi shí tiáo _____ qián?

3. **Make a new sentence by using the substitute words given:**

   1. 这 _____ 怎么 卖 ?
      Zhè _____ zěnme mài?

      a. 围巾   wéijīn
      b. 大衣   dàyī
      c. 衬衫   chènshān

2. 这 _____ 多少　钱　一 _____ ?

Zhè _____ duōshao qián yì _____?

     a. 领带 / 条 lǐngdài/tiáo
     b. 鞋 / 双 xié/shuāng
     c. 雨伞 / 把 yǔsǎn/bǎ

3. 买 _____ 个 一共　多少　　钱 ?

Mǎi _____ ge yígòng duōshao qián?

     a. 十 shí
     b. 一百 yì bǎi
     c. 一千 yì qiān

4. 买 _____ 少 算 多少　　钱 ?

Mǎi _____ shǎo suàn duōshao qián?

     a. 一打儿 yì dá-r
     b. 十件儿 shí jiàn-r
     c. 五张 wǔ zhāng

4. Dialogue:

1. A: 请问，这 牙刷儿怎么卖 ?
     B: 一 打儿 十块 。要 不要 ?
     A: 让 我 想想 。
     B: 多 买 少 算 。
     A: 一 把 多少 钱 ?
     B: 两 块 钱 一 把 。
     A: 我 买 一 把 。

     A: Qǐngwèn, zhèi yáshuā-r zěnme mài?
     B: Yì dá-r shí kuài, yào bú yào?
     A: Ràng wǒ xiǎng xiang.
     B: Duō mǎi shǎo suàn.
     A: Yì bǎ duōshao qián?
     B: Liǎng kuài qián yì bǎ.
     A: Wǒ mǎi yì bǎ.

2. A:　劳驾，这 种 杂志 多少 钱 一 本 儿 ？

　　B:　六 块 五 一 本 儿 。

　　A:　来 一 本 儿 。

　　B:　这 是 十 块，找 您 三 块 五 。 拿 好 。

　　A:　谢谢!

　　A:　Liáojià, zhèi zhǒng zázhì duōshao qián yì běn-r?

　　B:　Liù kuài wǔ yì běn-r.

　　A:　Lái yì běn-r.

　　B:　Zhè shì shí kuài, zhǎo nín sān kuài wǔ. Ná hǎo.

　　A:　Xièxie!

3. A:　劳驾，苹果 多少 钱 一 斤 ？

　　B:　这 种 六 块 一 斤，那 种 四 块 五 一 斤 。

　　A:　我 要 六 块 一 斤 的 。 来 两 斤 。

　　B:　好，这 是 二 十 块，找 您 八 块，给 !

　　A:　Láojià, píngguǒ duōshao qián yì jīn?

　　B:　Zhèi zhǒng liù kuài yì jīn, nà zhǒng sì kuài wǔ yì jīn.

　　A:　Wǒ yào liù kuài yì jīn de. Lái liǎng jīn.

　　B:　Hǎo, zhè shì èr shí kuài, zhǎo nín bā kuài. Gěi!

New words for exercises

1.	衬衫	chènshān	shirt
2.	领带	lǐngdài	tie
3.	条	tiáo	a measure word (classifier) for something that is long in shape such as river, paper, tie etc.
4.	鞋	xié	shoe
5.	双	shuāng	a pair
6.	雨伞	yǔsǎn	umbrella
7.	把	bǎ	a measure word (classifier)

8. 苹果   píngguǒ   apple

9. 斤   jīn   weight unit   1 *jin* = 0.5 kg

10. 两   liǎng   weight unit   1 *jin* = 10 liang

Lesson 25

In a Restaurant

Mr. Green, Mr. Wang, and Ms. Ding come to a restaurant after work.

王　　　：请 把 菜单儿 拿给 我们 看看。

服务员：好，点 点儿 什么 菜？

王　　　：让 我们 看看 再说。

服务员：先 点个 凉菜，喝 点儿 啤酒 吧。

王　　　：好，那 就 来 三 扎 青岛 啤酒，一 个 拼盘儿。

丁　　　：这 个 套餐 不错，里面 有 烤鸭。

格林　：我 想 尝尝 烤鸭，听说，北京 烤鸭 味道
　　　　　不错。

丁　　　：那 我们 就 来 这个 套餐 吧。

格林　：

王　　　：好哇！(菜 上来 了，格林 先生 用 筷子 怎么也 夹 不 上来)

王　　　：行 了，别 这么 绅士 风度 了，上手 吧。

Wáng　　　：Qǐng bǎ càidān-r nágěi wǒmen kànkan.

Fúwùyuán：Hǎo, diǎn diǎn-r shénme cài?

Wáng　　　：Ràng wǒmen kànkan zàishuō.

Fúwùyuán：Xiān diǎn ge liángcài, hē diǎn-r píjiǔ ba.

Wáng　　　：Hǎo, nà jiù lái sān zhā Qīngdǎo píjiǔ, yí ge pīnpán-r.

Dīng　　　：Zhèi ge tàocān búcuò, lǐmian yǒu kǎoyā.

Gélín   : Wǒ xiǎng chángchang kǎoyā, tīngshuō, Běijīng kǎoyā wèidao búcuò.

Dīng   : Nà wǒmen jiù lái zhèi ge tàocān ba.

Gélín &

Wáng   : Hǎo wa! (Cài shànglai le, Gélín xiānsheng yòng kuàizi zěnme yě jiā bú shànglái)

Wáng   : Xíng le, bié zhème shēnshì fēngdù le, shàngshǒu ba.

Wang : Could you please bring the menu to us?

Waiter: Certainly! What would you like to order?

Wang : Let's have a look first.

Waiter: How about you order one salad, and beer first.

Wang : OK, please bring three *Qingdao* beer, one salad.

Ding : This set of dish is very good, one of the dishes is Roast *Beijing* duck.

Green : I really want to have a taste of it. I heard that it tastes quite nice.

Ding : Then, how about we order this?

Green &

Wang : It sounds wonderful.

(The dishes have been served, Mr. Green can't use the chopsticks).

Wang : It's all right, don't be so gentlemanly-like, just use your hands.

New words

1. 菜单儿	càidān-r	menu
2. 拿 给	ná gěi	bring to
3. 点 菜	diǎn cài	order dish
4. 先	xiān	first
5. 凉 菜	liáng cài	cold dish
6. 喝 啤酒	hē pí jiǔ	drink beer
7. 扎	zhā	a measure word for beer
8. 青岛	Qīngdǎo	brand name for the beer
9. 拼盘儿	pīnpán-r	assorted dish
10. 套 餐	tào cān	a set dish
11. 不 错	bú cuò	not bad
12. 里面	lǐmian	inside
13. 烤 鸭	kǎo yā	roast duck
14. 尝	cháng	to taste
15. 味道	wèidao	taste, flavour
16. 来	lái	order
17. 别	bié	do not
18. 绅士	shēnshì	gentleman
19. 风度	fēngdù	grace
20. 上 手	shàng shǒu	use one's hands

Grammar

1. 把 bǎ

A preposition word, in dicating to deal with, see Lesson 9.

2. 把 菜单 拿 给 我们 看看   bǎ càidān-r nágěi wǒmen kànkan.

This is a sentence with complicated structure. 把 <u>bǎ</u> sentence (see Lesson 9), as well as a pivotal sentence. A pivotal sentence is a sentence in which one element, in this case,我们 <u>wǒmen</u>, both accept the action from the previous verb 拿给 <u>nágěi</u> and conduct an action of看看 <u>kànkan</u>, i.e. 把菜单 拿给 我们/我们 看看 <u>bǎ càidān nágěi wǒmen/ wǒmen kànkan</u>. Here is more examples:

1. | 他 | 教 | 我们 | | 唱歌 。 |
   |----|------|------------------|---|----------------|
   | Tā | jiāo | wǒmen | | chànggē-r. |
   | She | teaches | us | | singing. |
   | Tā | jiāo | wǒmen (receiver) | | |
   | | | Wǒmen (conductor) | | chànggē-r. |

2. | 他 | 教 | 我们 | 学 | 汉语 。 |
   |----|------|------------------|-------|----------|
   | Tā | jiāo | wǒmen | xué | Hànyǔ |
   | He | teaches | us | learn | Chinese |
   | Tā | jiāo | wǒmen (receiver) | | |
   | | | Wǒmen (conductor) | xué | Hànyǔ. |

3. 点点儿 什么 菜？   diǎn diǎn-r shénme cài

Order what dish? *lit.* order a little what dish? 点菜 <u>diǎncài</u> is a word which has been divided by other items. Here are more examples:

1. | 买 | 点儿 | 什么 | 东西？ |
   |------|--------|--------|----------|
   | mǎi | diǎn-r | shénme | dōngxi? |
   | buy | little | what | stuff |
   | buy what things | | | |

2. | 吃 | 点儿 | 什么 | 饭？ |
   |-----|--------|--------|--------|
   | chī | diǎn-r | shénme | fàn? |
   | eat | little | what | food |
   | eat what meal | | | |

3. | 读 | 点儿 | 什么 | 书？ |
   |-----|--------|--------|--------|
   | dú | diǎn-r | shénme | shū? |

read   little   what   book
read what book

4.   做   点儿   什么   菜?
     zuò   diǎn-r   shénme   cài
     cook   little   what   dish
     cook what dish

5.   听   点儿   什么   音乐?
     tīng   diǎn-r   shénme   yīnyuè
     listen little   what   music
     listen what music

---
4. 别   bié

Do not.   别 <u>bié</u>, rather than 不 <u>bù</u>, is used when one tells others not to do something.

Notes

---
1. 再说   zàishuō

Indicating consider about...   *lit.* again say. Often it's used with 先 <u>xiān</u>, means first. Here are more examples:

1.   先   吃饭 再说   Eating first and then (consider about
     xiān   chīfàn zàishuō   other things)

2.   先   看 个 电影 儿 再说   Watching a movie first, and then
     xiān   kàn ge diànyǐng-r zàishuō   (consider about other things).

3.   先   睡 一 觉 再说   Sleeping first, and then (consider
     xiān   shuì yí   jiào zàishuō   about other things).

2. 来 三 扎 青岛 啤酒   lái sān zhā Qīngdǎo píjiǔ

Please bring three zha Qingdao beer.   *lit.* 来 lái means to come, however, here means please *bring*. It also can mean to *buy*, for example:

question:	您	买	什么 ？	
	Nín	mǎi	shénme?	
	What would you like?			
answer:	来	三	斤	苹果	吧 。
	Lái	sān	jīn	píngguǒ	ba.
	Please give me three *jin* apple.				

3. 拼盘儿   pīnpán-r

Assorted dish.   *lit.* put some dishes together in a plate. 拼盘儿 **pīnpán-r** is one of the many favoured cold dishes served at the beginning of a meal while drinking. It normally contains sliced sausages, flavoured meat, preserved eggs, salted peanuts etc.

4. 烤 鸭   kǎo yā

Beijing Roast Duck.   A classical dish of *Beijing* style. To eat, roll a few pieces of roasted duck, some plum sauce, and spring onions into one of the little steamed pancakes provided.

Key sentence construction

1.
				kànkan	look look
				看看	
			wǒmen	kànkan	we look look
			我们	看看	
		nágěi	wǒmen	kànkan	bring to us look look
		拿给	我们	看看	
	bǎ ...	nágěi	wǒmen	kànkan	deal with ... bring to us look look
	把	拿给	我们	看看	
	bǎ càidān-r nágěi	wǒmen	kànkan	deal with menu bring to us look look
	把 菜单儿 拿给	我们	看看	
qǐng	bǎ càidān-r nágěi	wǒmen	kànkan	please deal with menu bring to us look look
请	把 菜单儿 拿给	我们	看看	

2.
			zàishuō	again say
			再说	
		kànkan	zàishuō	look look again say
		看看	再说	
	wǒmen	kànkan	zàishuō	us look look again say
	我们	看看	再说	
ràng	wǒmen	kànkan	zàishuō	let us look look again say
让	我们	看看	再说	

3.
			liángcài	cold dish
			凉菜	
	diǎn	ge	liángcài	order a cold dish
	点	个	凉菜	
xiān diǎn	ge	liángcài	first order a cold dish
先 点	个	凉菜	

4.
			kǎoyā	roasted duck
			烤鸭	
		chángchang	kǎoyā	taste roasted duck
		尝尝	烤鸭	
	xiǎng	chángchang	kǎoyā	want taste roasted duck
	想	尝尝	烤鸭	
wǒ	xiǎng	chángchang	kǎoyā	I want taste roasted duck
我	想	尝尝	烤鸭	

5.

				búcuò	not bad
				不错	
			wèidao	búcuò	flavour not bad
			味道	不错	
		kǎoyā	wèidao	búcuò	roasted duck flavour not bad
		烤鸭	味道	不错	
	Běijīng	kǎoyā	wèidao	búcuò	*Beijing* roasted duck flavour not bad
	北京	烤鸭	味道	不错	

6.

					ba	particle
					吧	
				tàocān ba		set dish
				套餐 吧		
			zhèi ge	tàocān ba		this set dish
			这 个	套餐 吧		
		lái	zhèi ge	tàocān ba		order this set dish
		来	这 个	套餐 吧		
	jiu	lái	zhèi ge	tàocān ba		order this set dish
	就	来	这 个	套餐 吧		
nà	jiù	lái	zhèi ge	tàocān ba		then order this set dish
那	就	来	这 个	套餐 吧		

Exercise

1. Make a phrase by combining two or three of the following words:

1. 拼盘儿   pīnpán-r
2. 点 个   diǎn ge
3. 风度   fēngdù
4. 啤酒   píjiǔ
5. 绅士   shēnshì
6. 尝尝   chángchang
7. 喝 点儿   hē diǎn-r
8. 烤鸭   kǎoyā
9. 味道   wèidao
10. 不错   bú cuò

2. Complete the following sentences by filling in the missing words:

1. 请　把 ＿＿＿＿＿ 拿给　我们　　看看。
   Qǐng bǎ ＿＿＿＿＿ nágěi　wǒmen　kànkan.

2. 你们　　想　　＿＿＿＿＿ 什么　菜？
   Nǐmen　xiǎng ＿＿＿＿＿ shénme　cài?

3. 让　　　我们　　　看看　＿＿＿＿＿。
   Ràng　　wǒmen　　　kànkan ＿＿＿＿＿.

4. ＿＿＿＿＿ 三　扎　啤酒。
   ＿＿＿＿＿ sān　zhā　píjiǔ.

5. 这　　　个　套餐　＿＿＿＿＿。
   Zhèi　　ge　tàocān ＿＿＿＿＿.

6. 北京　烤鸭 ＿＿＿＿＿ 不　错。
   Běijīng　kǎoyā ＿＿＿＿＿ bú　cuò.

3. Make a new sentence by using the substitute words given:

1. 请　　　把 ＿＿＿＿＿ 拿给　我们　看看。
   Qǐng　　bǎ ＿＿＿＿＿ nágěi　wǒmen　kànkan.

   a. 菜单儿　　　　càidān-r
   b. 那瓶　酱菜　　 nà píng-r jiàngcài
   c. 酒　　　　　　jiǔ
   d. 甜点　　　　　tiándiǎn

2. 让　　　我们　＿＿＿＿＿ 再说。
   Ràng　　wǒmen ＿＿＿＿＿ zàishuō.

   a. 想想　　　　　xiǎng xiang
   b. 商量商量　　　shāngliang shāngliang
   c. 试试　　　　　shìshi

3. ＿＿＿＿＿ 味道　不　　错。
   ＿＿＿＿＿ wèidao　bú　cuò.

   a. 北京　烤鸭　　Běijīng kǎoyā
   b. 麻婆　豆腐　　Mápó dòufu
   c. 红烧　牛肉　　Hóngshāo niúròu
   d. 糖醋　鱼　　　Táng cù yú

e.	宫保 鸡丁	Gōngbǎo jīdīng-r
f.	拼盘儿	Pīnpán-r
g.	清蒸 鱼	Qīng zhēng yú
h.	滑溜 里脊	Huáliū lǐ ji
i.	炸 丸子	Zhá wánzi

4. Dialogue:

1. A: 劳驾，请 把 菜单儿 拿给 我们 看看。

   B: 好，给 您！

   A: 多谢！

   B: 不 客气。

   A: Láojià, qǐng bǎ càidān-r nágěi wǒmen kànkan.

   B: Hǎo, gěi nín!

   A: Duō xiè!

   B: Bú kèqi.

2. A: 请问，你们 有 菜单儿 吗？

   B: 有，在 这儿！

   A: 多谢！

   B: 不客气。 您 点 点儿 什么？

   A: 让 我们 看看 再说。

   B: 好。

   A: Qǐngwèn, nǐmen yǒu càidān-r ma?

   B: Yǒu, zài zhè-r!

   A: Duō xiè!

   B: Bú kèqi. Nín diǎn diǎn-r shénme?

   A: Ràng wǒmen kànkan zàishuō.

   B: Hǎo.

3. A: 请问，拼盘儿 里面 有 什么？

   B: 有 火腿，香肠，和 松花蛋。

   A: 您 要 一盘儿 吗？

   B: 好，来 一 盘儿。

A: 还 要 什么？

B: 再 来 两扎 啤酒， 一杯红葡萄酒。

A: 要 不 要 米饭？

B: 两碗！

A: Qǐngwèn, pīnpán-r lǐmian yǒu shénme?

B: Yǒu huǒtuǐ, xiāngcháng-r hé sōnghuādàn.

   Nín yào yì pán-r ma?

A: Hǎo, lái yì pán-r.

B: Hái yào shénme?

A: Zài lái liǎng zhā pí jiǔ, yì bēi hóng pútao jiǔ.

B: Yào bu yào mǐfàn?

A: Liǎng wǎn!

4. A: 请问， 你们 有 什么 饮料？

   B: 有矿泉水， 橘汁儿， 汽水 和 可口可乐。

   A: 来 两 瓶儿 矿泉水。

   B: 好， 马上 就来。

   A: Qǐngwèn, nǐmen yǒu shénme yǐnliào?

   B: Yǒu kuàngquánshuǐ, júzhī-r, qìshuǐ-r hé kékǒukělè.

   A: Lái liǎng píng-r kuàngquánshuǐ.

   B: Hǎo, mǎshàng jiù lái.

5. A: 你们 有 什么 拿手 好 菜？

   B: 我们 有 最 有名儿 的 川菜 宫保 鸡丁儿。

   A: 来 一 盘儿。 再 来 一 小瓶儿 茅台。

   B: 好！

   A: Nínmen yǒu shénme náshǒu hǎo cài?

   B: Wǒmen yǒu zuì yǒumíng-r de chuāncài Gōngbǎo jīdīng-r.

   A: Lái yì pán-r. Zài lái yì xiǎopíng-r Máotái.

   B: Hǎo!

New words for exercises

1.	瓶	píng	bottle
2.	酱菜	jiàngcài	pickles
3.	种	zhǒng	a measure word, type
4.	香肠儿	xiāngcháng-r	sausage
5.	甜点	tiándiǎn	dessert
6.	商量	shāngliang	to discuss
7.	麻婆豆腐	mápó dòufu	spicy bean-curd
8.	红烧牛肉	hóngshāo niúròu	beef braised in brown soy sauce
9.	糖醋鱼	tángcù yú	sweet and sour fish *lit.* sugar and vinegar fish
10.	宫保鸡丁	gōngbǎo jīdīng-r	*Gongbao* chicken
11.	清蒸鱼	qīngzhēng yú	steamed fish
12.	滑溜里脊	huáliū lǐ ji	salted fillet with thick gravy
13.	炸丸子	zhá wánzi	deep fried meat balls
14.	火腿	huǒtuǐ	ham
15.	松花蛋	sōnghuā dàn	preserved egg
16.	葡萄酒	pútao jiǔ	grape wine
17.	米饭	mǐfàn	rice
18.	碗	wǎn	bowl, or a measure word
19.	饮料	yǐnliào	soft drink
20.	矿泉水	kuàngquánshuǐ	mineral water
21.	橘汁儿	júzhī-r	Orange juice
22.	汽水儿	qìshuǐ-r	lemonade
23.	可口可乐	kěkǒukělè	Coca cola
24.	马上	mǎshàng	right away
25.	拿手	náshǒu	good at

26.	有名儿	yǒumíng-r	well-known, famous
27.	川菜	chuāncài	Chinese food of *Sichuan* style
28.	小瓶儿	xiǎo píng-r	small bottle
29.	茅台	Máotái	well-known Chinese wine used in

Getting Fast Food

Mr. Green and Mr. Wang eating fast food in a fast food shop.

服务员 ： 您 要 点儿 什么？

格林 　： 带 奶酪儿 的 汉堡包， 一杯 咖啡。

服务员 ： 您 呢？

王 　　： 炸 土豆 条儿， 一杯 意大利 咖啡。

服务员 ： 一共 30 块。

格林 　： 请问， 餐巾 纸 在 哪儿？

服务员 ： 在 那儿！

格林 　： 吃 快餐 是 很 快。 又 快 又 便宜。

王 　　： 快 是 快， 便宜 倒 不见得。 很 方便 倒 不
　　　　 假， 不用 刀、 叉， 也 不用 洗 盘子、 洗 碗
　　　　 什么 的。

Fúwùyuán : Nín yào diǎn-r shénme?

Gélín 　　: Dài nǎilào-r de Hànbǎo bāo-r, yì bēi kāfēi.

Fúwùyuán : Nín ne?

Wáng 　　: Zhá tǔdòu tiáo-r, yì bēi Yìdàlì kāfēi.

Fúwùyuán : Yígòng sān shí kuài.

Gélín 　　: Qǐngwèn, cānjīn zhǐ zài nǎ-r?

Fúwùyuán : Zài nà-r!

Gélín 　　: Chī kuàicān shì hěn kuài. Yòu kuài yòu piányi.

Wáng   :   Kuài shì kuài, piányi dào bújiàndé. Hěn fāngbian dào bù jiǎ, Bú
                yòng dāo 、 chā, yě búyòng xǐ pánzi 、 xǐ wǎn shénme de.

Waiter: What would you like?

Green :   Hamburger with cheese, and one cup of coffee.

Waiter: What about you?

Wang :   Chips and one (cup of) cappuccino.

Waiter: Thirty *kuai* in total.

Green :   Where are the serviettes please?

Waiter: Over there.

Green :   Eating fast-food does indeed save time, both quick and good value.

Wang :   I agree. It is fast, but may be not that cheap. It's true that it's quite
            convenient. You don't need a knife and fork, or wash up (any) plates
            and bowls.

New words

1.	奶酪儿	nǎilào-r	cheese
2.	汉堡 包儿	Hànbǎo bāo-r	Hamburger
3.	意大利	Yìdàlì	Italy
4.	炸 土豆 条儿	zhá tǔdòu-r tiáo-r	chips *lit.* deep fried potato strip.
5.	餐巾 纸	cān jīn zhǐ	serviette *lit.* food towel paper
6.	快餐	kuàicān	fast food
7.	便宜	piányi	cheap/ good value
8.	又 … 又	yòu...yòu	both... and...
9.	倒	dào	indicating things are opposite from one's expectation.
10.	不见得	bùjiàndé	not necessarily

11. 方便	fāngbian	convenient
12. 不假	bùjiǎ	true *lit.* not false
13. 刀	dāo	knife
14. 叉	chā	folk
15. 洗 盘子	xǐ pánzi	wash plate
16. …什么的	... shénmede	indicating etc.

Grammar

---
1. 带 奶酪儿 的 汉堡包儿   dài nǎilào de Hànbǎo bāo-r

Hamburger with cheese.   Here are more examples:

1. 带　铅笔　的　　日记　本儿 。
   dài　qiānbǐ de　　rìjì　běn-r
   with pencil　　　diary
   diary with pencil

2. 带糖　　　的　　糕点
   dāi táng　　de　　gāodiǎn
   with sugar　　　cake
   cake with sugar

3. 带　果酱　　　的　面包
   dài　guǒjiàng　　de　miànbāo
   with jam　　　bread
   bread with jam

---
2. 又… 又…   yòu ... yòu ...

Both ... and ...   It indicates two situations or natures existing at same time. Here are more examples:

1. 又　苦　又　涩
   yòu　kǔ　yòu　sè
   both bitter and rough

2. 又　惊　又　喜
　　yòu　jīng　yòu　xǐ
　　both astonished and happy

3. 又　高　又　大
　　yòu　gāo　yòu　dà
　　both tall and big

4. 又　冷　又　饿
　　yòu　lěng　yòu　è
　　both cold and hungry

2. 便宜 倒 不 见得　piányi dào bú jiàndé

Indicates that the situation is the opposite of what one had expected.
Here are more examples to help you to understand:

1. A: 你　是　不　是　冷　了 ?
　　　Nǐ　shì　bú　shì　lěng　le?
　　　Are you cold?

　　B: 冷　倒　不　冷，就　是　有　点 儿　饿 。
　　　Lěng　dào　bù　lěng, jiù　shì　yǒu　diǎn-r è.
　　　Not really, but I feel a little bit hungry.

2. A: 这　本 儿 词典 真　贵 !
　　　Zhèi　běn-r cídiǎn zhēn　guì!
　　　This dictionary is really expensive.

　　B: 贵　倒　不　贵，就　是　有　点　小 。
　　　Guì　dào　bú　guì, jiù　shì　yǒu　diǎn-r　xiǎo.
　　　Not really, but (the size is too) small.

2. …什么 的　shénme de

etc. It's used at the end of the sentence. Here are more examples:

1. A: 书包儿   里   有   什么 ？
         Shūbāo-r   lǐ   yǒu   shénme?
         book bag   in   has   what
         What's in the bag?

    B: 书   啊，笔   啊   什么   的 。
         Shū   a,   bǐ   a   shénme de.
         book   pen   sort of thing
         (Something like) books, pens etc.

2. A: 今天   汉语   课   学   什么   了 ？
         Jīntiān   Hànyǔ   kè   xué   shénme le ?
         today Chinese language class study what
         What did (you) learn in today's Chinese lessons?

    B: 快餐、买   汉堡   包儿、咖啡   什么   的。
         Kuàicān, mǎi Hànbǎo bāo-r, kāfēi   shénme de.
         fastfood buy Hamburger   coffee sort of thing
         Fast food, buy hamburger, coffee, that kind of stuff.

Notes

---

1. 您 呢？   Nín ne?

(What about) you?   呢 <u>ne</u> is used, when one asks the similar question with same pattern for the second time. By doing so, the usage of the language is more economical.

1. 我   很   好，您   呢 ？
    Wǒ   hěn hǎo, nín   ne?
    I'm very well, what about you (Are you well) ?

2. 我   吃   了，您   呢 ？
    Wǒ   chī le,   nín   ne?
    I've eaten, what about you (Have you eaten) ?

2. 吃 快餐 是 很 快。   Chī kuàicān shì hěn kuài.

Fast food indeed is quick. 是 <u>shì</u> indicates emphasis here, and should be stressed.

Key sentence construction

1.				shénme 什么	what
		yào diǎn-r 要 点儿		shénme 什么	want a little what
	nín 您	yào diǎn-r 要 点儿		shénme 什么	you want a little what

2.				bāo-r 包儿	meat patty
			Hànbǎo 汉堡	bāo-r 包儿	Hamburger meat patty
	dài... 带	de 的	Hànbǎo 汉堡	bāo-r 包儿	with ... Hamburger meat patty
	dài nǎilào-r 带 奶酪	de 的	Hànbǎo 汉堡	bāo-r 包儿	with cheese Hamburger meat patty

3.				piányi 便宜	cheap
		yòu ... yòu 又 又		piányi 便宜	both ... and cheap
		yòu kuài yòu 又 快 又		piányi 便宜	both quick and cheap
	chī kuàicān 吃 快餐	yòu kuài yòu 又 快 又		piányi 便宜	eat fast food both quick and cheap

4.			de 的	particle
		shénme de 什么 的		what
	xǐwǎn 洗碗	shénme de 什么 的		wash bowl what

	xǐ	pánzi	xǐwǎn		shénme de	wash plate wash bowl what
	洗	盘子	洗碗		什么 的	
bú yòng xǐ	pánzi	xǐwǎn		shénme de		no need wash plate wash bowl what
不用 洗	盘子	洗碗		什么 的		

Exercise

1. Make a phrase by combining two or three of the following words:

1. 盘子   pánzi
2. 碗   wǎn
3. 洗   xǐ
4. 又 ⋯ 又 ⋯   yòu ... yòu ...
5. 便宜   piányi
6. 吃   chī
7. 快   kuài
8. 快餐   kuàicān
9. 带   dài
10. 奶酪   nǎilào

2. Complete the following sentences by filling in the missing words:

1. 您 要 _____什么 ？
   Nín yào _____ shénme?

2. 带 _____ 的 汉堡包儿 和 一 _____ 咖啡。
   Dài _____ de Hànbǎobāo-r hé yì _____ kāfēi.

3. 请问，_____ 纸 在 哪儿 ？
   Qǐngwèn, _____ zhǐ zài nǎ-r?

4. 吃 快餐 _____ 快 _____ 便宜。
   Chī kuàicān _____ kuài _____ piányi.

5. 便宜_____不见得。
   Piányi_____bújiàndé.

6. 方便 _____不假。
   Fāngbian_____bù jiǎ.

7. 不用 刀 叉，也 不 用 洗 盘子 洗 碗 _____的。
   Bú yòng dāo chā, yě bú yòng xǐ pánz xǐ wǎn _____ de .

3. Read out loud the following phrases:

1. 一 把 刀   yì bǎ dāo   2. 一 把 叉子   yì bǎ chāzi

3. 一 把 勺子   yì bǎ sháozi   4. 一 顿 快餐   yí dùn kuàicān

5. 一 个 盘子   yí ge pánzi   6. 一 个 碗   yí ge wǎn

7. 一 个 汉堡包儿   yí ge Hànbǎo bāo-r   7. 一 杯 咖啡   yì bēikāfēi

8. 一 张 餐巾纸   yì zhāng cān jīn zhǐ   9. 一 张 桌子   yì chāng zhuōzi

10. 一 把 椅子   yì bǎ yǐzi   11. 一 个 凳子   yí ge dèngzi

4. Make a new sentence by using the substitute words given:

1. 您 要 _____ 什么 ?
   Nín yào _____ shénme?

   a. 点儿   diǎn-r
   b. 些   xiē
   c. 吃   chī
   d. 买   mǎi

2. 我 要 带 _____ 的 汉堡包儿。
   Wǒ yào dài _____ de Hànbǎo bāo-r.

   a. 奶酪儿   nǎilào-r
   b. 酸 黄瓜   suān huánggua
   c. 少司   shàosī

3. 请问, _____ 在 哪儿 ?
   Qǐngwèn _____ zài nǎ-r?

   a. 餐巾纸   cān jīn zhǐ
   b. 吸管儿   xīguǎn-r
   c. 厕所   cèsuǒ
   d. 楼梯   lóutī

4. 吃 快餐 又 _____ 又 _____ 。
   Chī kuàicān yòu _____ yòu _____.

   a. 快/便宜   kuài/piányi
   b. 干淨/省事儿   gān jing/shěngshì-r
   c. 方便/省 时间   fānbian/shěng shí jiān

5. 便宜   倒 _____ ，方便   倒   不   假。

    Piányi   dào _____ , fāngbian   dào   bù   jiǎ.

    a. 不 见 得   bú jiàndé
    b. 不 一 定   bù yídìng
    c. 不 便 宜   bù piányi

6. 不用 _____ ，也 不 用   洗 盘 子 洗 碗 什 么   的。

    Búyòng _____ , yě bú yòng xǐ   pánzi xǐwǎn shénme   de.

    a. 刀 叉   dāo chā
    b. 碗 筷 儿   wǎn kuài-r
    c. 碟子、碗儿   diézi、wǎn-r

5. Dialogue:

1. A: 您 要 点儿 什么？

    B: 一 个 汉堡包儿，一 杯 咖啡。

    A: 一 个 汉堡包儿，还 要 什么？

    B: 咖啡。

    A: Nín yào diǎn-r shénme?

    B: Yí ge Hànbǎo bāo-r, yì bēi kāfēi.

    A: Yí ge Hànbǎo bāo-r, hái yào shénme?

    B: Kāfēi.

2   A: (calling for next customer) 下 一 个。

    B: 一个炸鸡腿儿，一包儿炸土豆条儿。

    A: Xià yí gè.

    B: Yí ge zhá jītuǐ-r, yì bāo-r zhá tǔdòu tiáo-r.

3   A: 我 要 个 汉堡包儿，不 带 奶酪。

    B: 好！

    A: 一 杯 茶。

    B: 大 杯，小 杯？

    A: 中 杯。

    A: Wǒ yào ge Hànbǎo bāo-r, bú dài nǎilào.

    B: Hǎo!

A: Yì bēi chá.

B: Dà bēi, xiǎo bēi?

A: Zhōng bēi.

4. A: 请问，厕所 在 哪儿？

   B： 在 楼上！

   A: Qǐngwèn, cèsuǒ zài nǎ-r?

   B: Zài lóushàng.

New words for exercises

1. 勺子	sháozi	spoon
2. 桌子	zhuōzi	table
3. 椅子	yǐzi	chair
4. 凳子	dèngzi	bench
5. 些	xiē	plural form for 个 ge
6. 酸 黄瓜	suān huánggua	pickled cucumber
7. 少司	shàosī	sauce
8. 吸管儿	xīguǎn-r	straw
9. 楼梯	lóutī	stair
10. 省事儿	shěngshì-r	save trouble *lit.* save matter
11. 省时间	shěng shíjiān	save time
12. 不 一定	bù yídìng	not necessary
13. 碟儿	dié-r	saucer
14. 炸 鸡腿儿	zhá jītuǐ-r	deep fried chicken's leg
15. 大，中，小	dà, zhōng, xiǎo	big, medium, small
16. 楼上	lóushàng	upstairs

Lesson 27

Giving and Receiving

Mrs. Green is talking to her friend about the present received from Ms. Ding.

小 钱　　：哟，格林 太太，您 手里 拿 的 是 什么？

格林 太太：是 老丁 送 我 的 礼物。我 还 不 知 是 什么 呢。

小 钱　　：打开 看看 嘛！

格林 太太：不成！听说，根据 中国 人 的 习惯，当面 打开 礼物 不 太 礼貌。

小 钱　　：她 现在 不 是 不 在 嘛！打开 看看。哟！文 房 四 宝。

格林 太太：什么？你 说 文… 什么…？

小 钱　　：文 房 四 宝，就是 纸、墨、笔、砚。

格林 太太：这 可 太 漂亮 了。这 是 我 最 喜欢 的。

Xiǎo Qián　　　：Yòu, Gélín tàitai, nín shǒulǐ ná de shì shénme?

Gélín tàitai　　：Shì Lǎo Dīng sòng wǒ de lǐwù. Wǒ hái bù zhī shì shénme ne.

Xiǎo Qián　　　：Dǎkāi kànkan ma!

Gélín tàitai　　：Bù chéng! Tīngshuō, gēnjù Zhōngguó rén de xíguàn, dāngmiàn dǎkāi lǐwù bú tài lǐmào.

Xiǎo Qián　　　：Tā xiànzài bú shì bú zài ma, dǎkāi kànkan. Yòu! Wénfángsìbǎo.

Gélín tàitai　　：Shénme? Nǐ shuō Wén... Shénme...?

Xiǎo Qián　　　：Wén fáng sì bǎo, jiù shì zhǐ, mò, bǐ, yàn.

Gélín tàitai : Zhè kě tài piàoliang le. Zhè shì wǒ zuì xǐhuan de.

Young Qian : Oh, it's Mrs. Green, what's in your hands?

Mrs. Green : It's a present from Ms. Ding. I still do not know what's in it.

Young Qian : Why not open it?

Mrs. Green : That wouldn't do! According to Chinese custom, I heard that to open a gift in front of the person who gives it is not very polite.

Young Qian : But she is not here now! Open it have a look.

... ... Oh! *Wen fang si bao.*

Mrs. Green : What? You mentioned si something...?

Young Qian : *Wen fang si bao?* They are paper, Chinese ink, brush and ink-stone.

Mrs. Green : Oh, how beautiful they are! This is my favourate.

New words

1.	当面	dāngmiàn	in front of
2.	礼物	lǐwù	present, gift
3.	嘛	ma	indicating a tone of speaker. something that is obvious, or advise.
4.	根据	gēnjù	according
5.	习惯	xíguàn	habit, custom
6.	礼貌	lǐmào	polite
7.	文房四宝	wénfángsìbǎo	four treasures in study *lit.* humanity study four treasures
8.	纸、墨、笔、砚	zhǐ mò bǐ yàn	paper, Chinese ink, brush, ink-stone
9.	漂亮	piàoliang	beautiful
10.	最喜欢	zuì xǐhuan	the most favoured *lit.* most like

Grammar

---

1. 您 手 里 拿 的 是 什么? Nín shǒu lǐ ná de shì shénme?

What's in your hands? 手里 <u>shǒu lǐ</u> in hands. Please note the different order of the sentences between Chinese and English:

1. 手 里　　　shǒu lǐ　　　　　in hands
2. 桌 子 上　　zhuōzi shàng　　on table
3. 火 车 上　　huǒchē shàng　　in a train
4. 电 视 上　　diànshì shàng　　on the television

手 里 拿 的 <u>shǒu lǐ ná de</u>. Apart from a noun, an adjective, and a verb can also be preceded the particle word 的 <u>de</u>. For example:

1. 爸 爸 的 书　　<u>bàba</u> de shū (a noun)　　pa pa's book.
2. 漂 亮 的 文房四宝　<u>piàoliang</u> de wénfángsìbǎo　(adjective) beautiful four study treasures
3. 拿 的 是 什么?　<u>ná</u> de shì shénme (verb)　what hold is what
4. 送 的 礼物　　<u>sòng</u> de lǐwù (verb)　the gift that is given
5. 喜 欢 的 礼物　<u>xǐhuan</u> de lǐwù (verb)　the gift that is liked

Notes

---

1. 根据　gēnjù

According to. Here are more examples:

1. 根据 新闻　　　gēnjù xīnwén　　　according to the news
2. 根据 她说 的　gēnjù tā shuō de　according to what he said
3. 根据 情况　　　gēnjù qíngkuàng　according to the situation
4. 根据 天气 预报　gēnjù tiānqì yùbào　according to the weather forecast

---
2. 不 是 嘛！　Bú shì ma!

Isn't it? This gives emphasis to a sentence... indicating that the speaker thinks it is. Here are more examples:

1. 我　不　是　告诉你　了　嘛！
   Wǒ bú shì gàosù nǐ le ma!
   Haven't I told you (I've already told you) ?

2. 你　不　是　不　想　去　嘛！
   Nǐ bú shi bù xiǎng qù ma!
   Haven't you (indicated that) you do not want to go?　(You have indicated not going).

3. 你　不　是　不　要　嘛！
   Nǐ bú shì bú yào ma!
   Haven't you (indicated that) you do not want (this)?　You have (indicated).

4. 牙　不　是　不　疼　了　嘛！
   Yá bú shì bù téng le ma!
   Hasn't the toothache stopped?　Toothache has stopped.

5. 书　不　是　借　来　了　嘛！
   Shū bú shì jiè lái le ma?
   Has the book been borrowed!　The book has been borrowed.

---
3. 最 喜欢 的　zuì xǐhuan de

The most favored/ liked. The word 礼物 <u>lǐwù</u> (gift) has been omitted, i.e. most favored (gift). Also notice the position of 不 <u>bù</u> in the negative form. Here are more examples:

1. 最　高兴的　　　zuì gāoxìng de　　the happiest (matter)
   最不高兴的　　　zuì <u>bù</u> gāoxìng de　the most unhappy (matter)

2. 最　好吃的　　　zuì hǎochī de　　the most delicious (food)
   最不好吃的　　　zuì <u>bù</u> hǎochī de　the most tasteless (food)

---

3. 就 是 纸、墨、笔、砚   jiù shì zhǐ 、 mò 、 bǐ 、 yàn

i.e. paper, Chinese ink, brush and ink-stone.

Key sentence construction

1.

					shénme	what
					什么	
				shì	shénme	is what
				是	什么	
		ná	de	shì	shénme	hold is what
		拿	的	是	什么	
	shǒu lǐ	ná	de	shì	shénme	hand in hold is what
	手 里	拿	的	是	什么	
nín	shǒu lǐ	ná	de	shì	shénme	your hand in hold is what
您	手 里	拿	的	是	什么	

2.

				lǐwù	gift
				礼物	
			de	lǐwù	of gift
			的	礼物	
		sòng wǒ	de	lǐwù	give me of gift
		送 我	的	礼物	
	Lǎo Dīng	sòng wǒ	de	lǐwù	Old Ding give me of gift
	老 丁	送 我	的	礼物	
shì	Lǎo Dīng	sòng wǒ	de	lǐwù	is Old Ding give me of gift
是	老 丁	送 我	的	礼物	
Zhè shì	Lǎo Dīng	sòng wǒ	de	lǐwù	This is Old Ding give me of gift
这 是	老 丁	送 我	的	礼物	

3.

				lǐmào	polite
				礼貌	
		bú	tài	lǐmào	not too polite
		不	太	礼貌	
	dǎkāi	lǐwù bú	tài	lǐmào	open gift not too polite
	打开	礼物 不	太	礼貌	
dāngmiàn	dǎkāi	lǐwù bú	tài	lǐmào	facing open gift not too polite
当面	打开	礼物 不	太	礼貌	

4.

				ma 嘛	particle
		bú 不	zài 在	ma 嘛	not at
	bú 不	shì 是	bú 不	zài 在	ma 嘛

not is not at

xiànzài bú shì bú zài ma — now not is not at
现在 不 是 不 在 嘛

tā xiànzài bú shì bú zài ma — she now not is not at
她 现在 不 是 不 在 嘛

5.

de — auxiliary
的

xǐhuan de — like
喜欢 的

zuì xǐhuan de — most like
最 喜欢 的

wǒ zuì xǐhuan de — I most like
我 最 喜欢 的

shì wǒ zuì xǐhuan de — is I most like
是 我 最 喜欢 的

zhè shì wǒ zuì xǐhuan de — this is I most like
这 是 我 最 喜欢 的

Exercise

1. Make a phrase by combining two or three of the following words:

1. 礼物   lǐwù
2. 习惯   xíguàn
3. 送   sòng
4. 根据   gēn jù
5. 打开   dǎkāi
6. 看看   kànkan
7. 最   zuì
8. 喜欢   xǐhuan

2.   Complete the following sentences by filling in the missing words:

1. 您 手 里 _____ 的 是   什么？
    Nín shǒu lǐ _____ de   shì   shénme?

2. 这 是 老 丁 _____ 的 礼物。
    Zhè shì Lǎo Dīng _____ de lǐwù.

3. 我 _____ 不 知 是 什么 呢。
    Wǒ _____ bù   zhī shì shénme ne.

4. _____ 中国   人 的 习惯，_____ 打开 礼物 不 太 礼貌。
    _____ Zhōngguó rén de xíguàn, _____ dǎkāi lǐwù bú tài lǐmào.

5. 这 _____ 太 漂亮   了。
    Zhè _____ tài   piàoliang le.

6. 这 是 我 _____ 喜欢 的。
    Zhè shì wǒ _____ xǐhuan de.

3.   Make a new sentence by using the substitute words given:

1. 您 _____ 的 是 什么？
    Nín _____ de shì   shénme?

    a. 手 里 拿   shǒu lǐ ná
    b. 脚 上 穿   jiǎo shang chuān
    c. 胸 前 戴   xiōng qián dài
    d. 胳膊 上 挂   gēbo shàng guà
    e. 身 上 穿   shēn shang chuān
    f. 包儿 里 拎   bāo-r lǐ līn
    g. 钱包 里 装   qiánbāo-r lǐ zhuāng

2. 这 是 老 丁 _____ 的 礼物。
    Zhè shì Lǎo Dīng _____ de lǐwù.

    a. 送 我   sòng wǒ
    b. 给 我   gěi wǒ
    c. 赠 送   zèngsòng
    4. 带 来   dài lái

3. _____ 中国   人 的 习惯，当面   打开 礼物 不 太 礼貌。
    _____ Zhōngguó rén de xíguàn, dāngmiàn dǎkāi lǐwù bù tài lǐmào.

   a. 根据   Gēnjù
   b. 据   Jù
   c. 按照   Ànzhào

4. 她 现在 不 是 _____ 了 嘛！
    Tā xiànzài bú shì _____ le ma!

   a. 不在   bú zài
   b. 走   zǒu
   c. 不来   bù lái

5. 这 可 太 _____ 了！
    Zhè kě tài _____ le.

   a. 漂亮   piàoliang
   b. 好   hǎo
   c. 棒   bàng

6. 这 是 我 最 _____ 的。
    Zhè shì wǒ zuì _____ de.

   a. 喜欢   xǐhuan
   b. 心爱   xīnài
   c. 想要   xiǎngyào

4. Dialogue:

1. A: 格林 太太，这 是 送 您 的 礼物。
    B: 太 感谢 了！我 打开 看看…哟，这么 漂亮！
    A: 不好，不好。
    B: 谢谢，这 是 我 最 喜欢 的。

    A: Gélín tàitai, zhè shì sòng nín de lǐwù.
    B: Tài gǎnxiè le! Wǒ dǎkāi kànkan... yōu, zhème piàoliang!
    A: Bù hǎo, bù hǎo.
    B: Xièxie, zhè shì wǒ zuì xǐhuan de.

2. A: 丁 女士，这 是 给 您 的 礼物。
    B: 您 费心 了。
    A: 您 不 打开 看看 吗？
    B: 呵，不了。回家 再 看。

A: 多谢，多谢，真 不 好 意思。

A: Dīng nǚshì, zhè shì gěi nín de lǐwù.

B: Nín fèixīn le.

A: Nín bù dǎkāi kànkan ma?

B: À, bù le. Huí jiā zài kàn.

A: Duō xiè, duō xiè, zhēn bù hǎo yìsi.

3. A: 哟，丁 女士，这么 漂亮 的 毛衣！

   B: 过奖，过奖。

   A: 这 是 在 哪儿 买 的？

   B: 不 是 买 的，是 我 妈妈 送 我 的 生日 礼物。

   A: Yō, Dīng nǚshì, zhème piàoliang de máoyī!

   B: Guòjiǎng, guòjiǎng.

   A: Zhè shì zài nǎ-r mǎi de?

   B: Bú shì mǎi de, shì wǒ māma sòng wǒ de shēngrì lǐwù.

4. A: 哟，格林 太太，这 毛衣 真 好看！

   B: 我 也 特别 喜欢。

   A: 这 是 在 哪儿 买 的？

   B: 是 我 自己 织 的。

   A: 真 不 错！

   B: 谢谢！

   A: Yō, Gélín tàitai, zhè máoyī zhēn hǎokàn!

   B: Wǒ yě tèbié xǐhuan.

   A: Zhè shì zài nǎ-r mǎi de?

   B: Shì wǒ zìjǐ zhī de.

   A: Zhēn bú cuò.

   B: Xièxie!

New words for exercises

1.	脚	jiǎo	foot/feet
2.	穿	chuān	to wear
3.	胸	xiōng	chest
4.	戴	dài	to wear
5.	胳膊	gēbo	arm
6.	挂	guà	hung
7.	包	bāo	bag
8.	拎	līn	carry
9.	钱包儿	qiánbāo-r	purse
10.	装	zhuāng	hold/put in
11.	赠送	zèngsòng	give (as a present)
12.	带来	dàilái	bring
13.	按照	ànzhào	according to
14.	心爱	xīn'ài	love, treasure
15.	费心	fèixīn	take a lot of trouble
16.	回家	huíjiā	go home
17.	不好意思	bù hǎo yìsi	feel uneasy
18.	毛衣	máoyī	pull-over
19.	过奖	guòjiǎng	I am flattered
20.	织	zhī	to knit
21.	生日	shēngrì	birthday
22.	好看	hǎokàn	good looking
23.	自己	zìjǐ	self

Lesson 28

Refusal

Mr. Green and Mrs. Green are invited to a friend's home. Mr. Green asks if it's O.K. to smoke one of his cigarettes.

格林 ： 我 可以 抽烟 吗？

王 ： 也 行。我们 家人 都 不 抽烟，我 也 没 准备。要不然，喝 杯 茶 吧。茶 能 防 癌。

格林 太太 ： 人家 都 不 抽烟，我 看，你 就 别 抽 了。

格林 ： 他 不是 说 可以 吗？我 就 抽 一 根儿。

王 ： 没 关系，我 把 窗户 打开。

王 太太 ： 来，来，喝 杯 茶。再 吃 点儿 水果 吧。我 来 削皮。

格林 太太 ： 你 没 听说 嘛，"听话 听 声儿，锣鼓 听 音儿。"

格林 ： 好，听 你 的，不 抽 了。

Gélín ： Wǒ kěyǐ chōuyān ma?

Wáng ： Yě xíng. Wǒmen jiā rén dōu bù chōuyān, wǒ yě méi zhǔnbèi. Yàoburán, hē bēi chá ba. Chá néng fáng ái.

Gélín tàitai ： Rénjia dōu bù chōuyān, wǒ kàn, nǐ jiù bié chōu le.

Gélín ： Tā bú shì shuō méi guānxi ma? Wǒ jiù chōu yì gēn-r.

Wáng ： Méi guānxi, wǒ bǎ chuānghu dǎkāi.

Wá tàtai ： Lái, lái, hē bēi chá. Zài chī diǎn-r shuǐguǒ ba. Wǒ lái xiāopí.

Gélín tàitai : Nǐ méi tīngshuō ma, "tīnghuà tīng shēng-r, luógǔ tīng yīn-r".

Gélín   : Hǎo, tīng nǐ de, bù chōu le.

Green   : May I smoke?

Wang   : It's Ok. No one in our family smokes though, so I did not prepare (cigarette). But, how about drink a cup of tea? Drinking tea can protect you from getting a cancer.

Mrs. Green : Nobody smokes, I think, you'd better give it up.

Green   : But he did say it doesn't matter. I'll just smoke one cigarette.

Wang   : It does not matter. I can open the window.

Mrs. Wang : Come on, here is the tea! How about (eat) some fruit? I am going to peel the skin (for you).

Mrs. Green : Haven't you heard the saying 'one knows truth listening to talk, just as one knows the sound of the gong and drum that are hit.'

Green   : Ok, I am listening to you, I'll not smoke.

New words

1.	抽烟	chōuyān	smoke cigarette
2.	准备	zhǔnbèi	prepare
3.	茶	chá	tea
4.	防癌	fáng'ái	anti-cancer
5.	人家	rénjia	the person (family)
6.	打开	dǎkāi	to open
7.	根	gēn-r	a measure word
8.	窗户	chuānghu	window
9.	水果	shuǐguǒ	fruit

10. 削皮	xiāopí	to peel
11. 听	tīng	listen
12. 声儿	shēng-r	sound
13. 锣	luó	gong
14. 鼓	gǔ	drum
15. 音儿	yīn-r	sound

Grammar

1. 我 可以 抽烟 吗？   Wǒ kěyǐ chōuyān ma?

May I smoke?   The structure 我 可以…吗？ <u>Wǒ kěyǐ ...ma?</u> is used when one asks permission. Here are more examples:

1. 我   可以 坐   下   吗？
    Wǒ kěyǐ zuò xià ma?
    May I sit down?

2. 我   可以 过去 吗？
    Wǒ kěyǐ guòqù ma?
    May I pass through?

3. 我   可以 吃   水果   吗？
    Wǒ kěyǐ chī shuǐguǒ ma?
    May I eat the fruit?

Notes

1. 也 行   yě xíng

It's ok.   Here the speaker reluctantly permits his guest to smoke. Note that it is not the Chinese people's habit to refuse their guest to do something, even if they do not like it. It's up to you to think about it, and decide what to do.

2. 准备 zhǔnbèi

To store (here) usually it means to prepare.

Key sentence construction

1.
| | | | ma
吗 | question mark |

| | | chōuyān
抽烟 | ma
吗 | smoke |

| | kěyǐ
可以 | chōuyān
抽烟 | ma
吗 | may smoke |

| wǒ
我 | kěyǐ
可以 | chōuyān
抽烟 | ma
吗 | I may smoke |

2.
| | | | | chōuyān
抽烟 | smoke |

| | | | bù
不 | chōuyān
抽烟 | not smoke |

| | | dōu
都 | bù
不 | chōuyān
抽烟 | all not smoke |

| | rén
人 | dōu
都 | bù
不 | chōuyān
抽烟 | people all not smoke |

| jiā
家 | rén
人 | dōu
都 | bù
不 | chōuyān
抽烟 | family people all not smoke |

Wǒmen jiā rén dōu bù chōuyān — our family people all not smoke
我们 家 人 都 不 抽烟

3.
| | | | ái
癌 | cancer |

| | | fáng
防 | ái
癌 | protect (from) cancer |

| | néng
能 | fáng
防 | ái
癌 | can protect (from) cancer |

| chá
茶 | néng
能 | fáng
防 | ái
癌 | tea can protect (from) cancer |

4.			gēn-r 根儿	measure word
		yì 一	gēn-r 根儿	one
		chōu yì 抽 一	gēn-r 根儿	smoke one
	jiù 就	chōu yì 抽 一	gēn-r 根儿	only smoke one
	wǒ jiù 我 就	chōu yì 抽 一	gēn-r 根儿	I only smoke one
5.			dǎkāi 打开	open
	bǎ ... 把		dǎkāi 打开	(deal with) ... open
	bǎ 把	chuānghu 窗户	dǎkāi 打开	(deal with) window open
	wǒ bǎ 我 把	chuānghu 窗户	dǎkāi 打开	I (deal with) window open

Exercise

1. Make a phrase by combining two or three of the following words:

1. 打开   dǎkāi
2. 窗户   chuānghu
3. 抽烟   chōuyān
4. 可以   kěyǐ
5. 防癌   fáng'ái
6. 能   néng
7. 给   gěi
8. 水果   shuǐguǒ
9. 削皮   xiāopí
10. 不   bù

2. Complete the following sentences by filling in the missing words:

1. 你 _____ 抽烟　吗？
   Nǐ _____ chōuyān ma?

2. 我们　家　人　都　不 _____。
   Wǒmen　jiā　rén　dōu　bù _____.

3. _____ 喝茶　吧，茶　能　防　癌。
   _____ hē chá　ba, chá néng　fáng ái.

4. _____ 吃　点儿　水果　吧。
   _____ chī　diǎn-r shuǐguǒ ba.

5. 听话　听 _____，锣鼓　听 _____。
   Tīnghuà tīng _____, luógǔ　tīng _____.

3. Make a new sentence by using the substitute words given:

1. 我　可以 _____ 吗？
   Wǒ　kěyǐ _____ ma?

   a. 抽烟   chōuyān
   b. 用　一下儿　厕所   yòng yíxià-r cèsuǒ
   c. 进　来   jìn lai
   d. 吃　水果   chī shuǐguǒ
   e. 用　一下儿　词典   yòng yíxià-r cídiǎn
   f. 用用您的　雨伞   yòng yong nín de yǔsǎn

2. 我们　家　人　都 _____。
   Wǒmen　jiā　rén　dōu _____.

   a. 不　抽烟   bù chōuyān
   b. 不　看　电影   bú kàn diànyǐng-r
   c. 不　看　报纸   bú kàn bàozhǐ
   d. 吃　快餐   chī kuàicān
   e. 锻炼　身体   duànliàn shēntǐ
   f. 爱　去　健身房   ài qù jiànshēnfáng

3. _____ 能　防　癌。
   _____ néng fáng ái.

   a. 茶   chá
   b. 常　喝茶   cháng hē chá

c. 水果 和 蔬菜   shuǐguǒ hé shūcài
d. 多 吃 水果 和 蔬菜   duō chī shuǐguǒ hé shūcài
e. 心情 愉快   xīnqíng yúkuài
f. 锻炼 身体   duànliàn shēntǐ

4. 也 没 _____ 。
   Yě méi _____.

   a. 准备   zhǔnbèi
   b. 买菜   mǎicài
   c. 买 什么 东西   mǎi shénme dōngxi
   d. 去 买菜   qù mǎicài
   e. 特意 准备   tèyì zhǔnbèi
   f. 准备 什么 东西   zhǔnbèi shénme dōngxi

5. 再 吃 点儿 _____ 吧 。
   Zài chī diǎn-r _____ ba.

   a. 水果   shuǐguǒ
   b. 肉   ròu
   c. 鱼   yú
   d. 米饭   mǐfàn
   e. 糖   táng
   f. 巧克力   qiǎokèlì

4. Dialogue:

1. A: 我 能 借 您的 词典 用用 吗？
   B: 哎呀，真 不巧，我 正在 用。真 对不起。
   A: 没 关系。

   A: Wǒ néng jiè nínde cídiǎn yòngyong ma?
   B: Àiya, zhēn bùqiǎo, wǒ zhèngzài yòng. Zhēn duìbuqǐ.
   A: Méi guānxi.

2. A: 我 这 两 天 手头儿 正 紧，想 借点钱 行 吗？
   B: 哎呀，我 这 两 天儿 也 不 宽裕。真 是 的。
   A: 行！我 再 问问 别人。
   B: 真 对不起！
   A: 没 什么！

A: Wǒ zhè/zhèi liǎng tiān shǒutóu-r zhèng jǐn, xiǎng jiè diǎn-r qián xíng ma?

B: Àiya, wǒ zhèi liǎng tiān-r yě bù kuānyù. Zhēn shì de.

A: Xíng! Wǒ zài wènwen biérén.

B: Zhēn duìbuqǐ!

A: Méi shénme!

New words for exercises

1.	进来	jìnlai	come in
2.	厕所	cèsuǒ	toilet
3.	词典	cídiǎn	dictionary
4.	雨伞	yǔsǎn	umbrella
5.	电视	diànshì	television
6.	报纸	bàozhǐ	newspaper
7.	快餐	kuàicān	fast-food
8.	锻炼 身体	duànliàn shēntǐ	do exercise *lit.* exercise body
9.	心情 愉快	xīnqíng yúkuài	good mood *lit.* mood happy
10.	买菜	mǎicài	buy grocery *lit.* buy vegetable
11.	东西	dōngxi	stuff, things
12.	特意	tèyì	especially
13.	米饭	mǐfàn	rice
14.	糖	táng	sugar, candy
15.	巧克力	qiǎokèlì	chocolate
16.	沏茶	qīchá	make tea
17.	真 不 巧	zhēn bù qiǎo	unfortunately
18.	正在	zhèngzài	a mark of present continuing tense
19.	手头儿	shǒutóu-r	finger-tip
20.	紧	jǐn	tight
21.	宽裕	kuānyù	well-to-do
22.	真 是 的	zhēn shì de	here it means sorry

Lesson 29

Dealing with an Emergency

路人　　　：哎哟喂！不好了！那个大楼失火了！
格林 太太：哪儿啊？哪儿失火了？
格林　　　：那个大楼。你看，就那个大楼。
路人　　　：救火呀！快挂火警电话：119。
(打 电话) ……
　　　　　　快来救火呀！图书馆左边儿的大楼着火
　　　　　　了！就在 ABC 大街！
消防队　　：好，我们马上就去！

Lùrén　　　　　: Ài yōu wèi ! bù hǎo le! Nà ge dàlóu shīhuǒ le!

Gélín tàitai　　: Nǎ-r a? Nǎ-r shīhuǒ le?

Gélín　　　　　: Nà ge dàlóu. Nǐ kàn, jiù nà ge dàlóu.

Lùrén　　　　　: Jiùhuǒ a! Kuài guà huǒjǐng diànhuà: yāo yāo jiǔ.

(Dǎ diànhuà) ... ...

　　　　　　　Kuài lái jiùhuǒ ya! Túshūguǎn zuǒ biān-r de dàlóu zháohuǒ
　　　　　　　le! Jiù zài ABC dàjiē!

Xiāofángduì　: Hǎo, wǒmen mǎshàng jiù qù!

Passer-by　　: Oh, no! That building is on fire!

Mrs. Green　: Where? Where is the fire?

Green   :   That building! Look! That one over there.

Passer-by   :   Help! Go quickly and dial for the fire brigade: 119.

(Making a phone call) ...

                 Hurry up! There is a building on fire at ABC Avenue. It's the
                 building at the left hand side of the library.

Fire brigade :   All right, we are coming right away!

At a street, Mr. Green's purse has been stolen. He is talking to a policeman who is only in charge of public transport.

格林   ： 抓 小偷儿！ 抓 小偷儿！

......

格林   ： 对不起， 您 讲 英语 吗？

交通 警   ： 讲 一点儿。

格林   ： 我 钱包儿 让 人 偷走 了。 里面 有 信用 卡
             和 护照。

交通 警   ： 是 什么 时候儿， 在 哪儿？

格林   ： 五 分钟 以前。 和 这儿 隔 两 条 街。

交通 警   ： 您 得 赶快 往 公安局 挂 个 电话。 匪警 电话
             是 110。

格林   ： 好， 多 谢！ 多 谢！

Gélín   : Zhuā xiǎotōu-r! Zhuā xiǎotōu-r!

... ...

Gélín   : Duìbuqǐ, nín jiǎng Yīngyǔ ma?

Jiāotōng jǐng   : Jiǎng yìdiǎn-r.

Gélín   : Wǒ qiánbāo-r ràng rén tōuzǒu le. Lǐmian yǒu xìnyòng kǎ hé
                    hùzhào.

Jiāotōng jǐng	:	Shì shénme shíhou-r, zài nǎ-r?
Gélín	:	Wǔ fēnzhōng yǐqián. Hé zhè-r gé liǎng tiáo jiē.
Jiāotōng jǐng	:	Nín děi gǎnkuài wǎng gōng'ānjú guà ge diànhuà. Fěijǐng diànhuà shì yāo yāo líng-r.
Gélín	:	Hǎo, Duō xiè! Duō xiè!

Green	:	Stop thief! Stop thief! ... ...
Green	:	Excuse me, do you speak English?
Traffic warden	:	I speak a little.
Green	:	My purse has been stolen, and my credit card and passport are in it.
Traffic warden	:	At what time, and where?
Green	:	About five minutes ago. It's just two streets away from here.
Traffic warden	:	You must telephone the Public Security Bureau immediately. The telephone number is 110.
Green	:	OK! Thanks a million!

Mrs. Green is calling the emergency centre for an ambulance.

格林 太太	：	(拨 120) 是 急救 中心 吧？
护士	：	是， 请讲。
格林 太太	：	请 你们 赶快 来！ 我 丈夫 突然 昏 过去 了。
护士	：	请问 姓名？
格林 太太	：	格林·大卫。
护士	：	请问 地址？
格林 太太	：	北京 饭店 5 楼 505 房间。
护士	：	好！ 我们 马上 就 到。 请 您 保持 镇静。

Gélín tàitai : (Bō yāo èr líng-r) Shì jíjiù zhōngxīn ba?

Hùshi : Shì, qǐng jiǎng.

Gélín tàitai : Qǐng nǐmen gǎnkuài lái, wǒ zhàngfu tūrán hūn guòqu le.

Hùshi : Qǐngwèn xìngmíng?

Gé lín tàitai : Gélín · Dàwèi.

Hùshi : Qǐngwèn dìzhǐ?

Gélín tàitai : Běijīng Fàndiàn wǔ lóu wǔ líng wǔ fángjiān.

Hùshi : Hǎo! Wǒmen mǎshàng jiù dào. Qǐng nín bǎochí Zhènjìng.

Mrs. Green : (Dialling 120) Is this the Emergency Centre?

Nurse : Yes, please speak.

Mrs. Green : Come here quickly, please! My husband has suddenly fainted.

Nurse : His name, please?

Mrs. Green : David Green.

Nurse : Your address, please?

Mrs. Green : Room 505, the 5th floor Beijing Hotel.

Nurse : OK! we'll set off immediately. Meanwhile, keeping calm down.

New words

1.	哎哟喂	ài yōu wèi	function words
2.	大楼	dàlóu	building
3.	失火	shīhuǒ	on fire
4.	救火	jiùhuǒ	put down fire *lit.* save fire
5.	挂	guà	to dial, to hung up
6.	火警	huǒjǐng	fire alarm
7.	图书馆	túshūguǎn	library
8.	左边儿	zuǒbian-r	left side
9.	着火	zháohuǒ	on fire
10.	大街	dàjiē	avenue
11.	马上	mǎshàng	immediately
12.	抓小偷儿	zhuā xiǎotōu-r	seize thief
13.	讲英语	jiǎng Yīngyǔ	to speak English
14.	让	ràng	It indicates passive voice here
15.	偷	tōu	to steal
16.	和…隔…	hé ... gé ...	stand or lie between
17.	赶快	gǎnkuài	quickly, hurry
18.	公安	gōng'ān	public safety
19.	匪警	féijǐng	burglar alarm
20.	急救	jíjiù	emergency
21.	中心	zhōngxīn	centre
22.	丈夫	zhàngfu	husband
23.	突然	tūrán	suddenly
24.	昏过去	hūn guòqu	fainted *lit.* faint over

Grammar

1. 我 钱包儿 让 人 偷走 了。   Wǒ qiánbāo-r ràng rén tōuzǒu le.

My purse has been stolen by a thief.   人 <u>rén</u>, here refers to the person who has stolen the purse. 让 <u>ràng</u> is a mark of a passive sentence. Comparing the active and the passive sentence:

1. 人   偷走   了   钱包儿。
   Rén tōu zǒu le   qiánbāo-r.   (active)
   A person has stolen the purse.

   钱包儿   让   人   偷走 了。
   Qiánbāo-r <u>ràng</u> rén   tōu zǒu le   (passive)
   The purse is stolen by a person.

Here are more examples:

1. 我   吃   了   苹果。
   Wǒ chī le   píngguǒ.   (active)
   I eat an apple.

   苹果   让   我   吃   了。
   Píngguǒ <u>ràng</u> wǒ chī   le.   (passive)
   The apple is eaten by me.

2. 我   做   了   作业。
   Wǒ zuò le   zuòyè.   (active)
   I've written homework.

   作业   让   我   做   了。
   Zuòyè ràng wǒ   zuò le   (passive)
   Homework is written by me.

2. 和 这儿 隔 两 条 街。   hé zhè-r gé liǎng tiáo jiē.

Two streets away from here.   和…隔… <u>hé ... gé ...</u> *lit.* from ... separate (away)

3. 是 急救 中心 吧？　Shì jíjiù zhōngxīn ba?

Is this the emergency centre?　吧 ba indicates that the speaker has
some idea that this is the emergency centre, otherwise, question mark
吗 ma would be used instead.

Notes

1. 哎 哟 喂　ài yōu wèi

An expression. Three particle words used in series indicating extremely
strong tune of the speaker.

2. 图书馆 左边儿 的 大楼　túshūguǎn zuǒbiān-r de dàlóu

The building on the left side of the library.　Building A zuobian-r de
Building B means: Building B that is located on the left side of Building A.

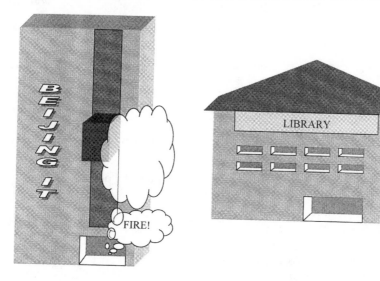

大楼　　　　　　　　　图书馆
dàlóu　　　　　　　　túshūguǎn
B　　　　　　　　　　A

3. 交通 警　jiāotōng jǐng

Traffic warden. 交通 jiāotōng, traffic, and 警 jǐng as in 警察 jǐngchá, police. In China, no matter what difficulties one might encounter, 交通 警 jiāotōng jǐng is always a helpful person to approach for initial help.

Key sentence construction

1.
| | le | particle |
| | 了 | |

zháohuǒ le — on fire
着火 了

dàlóu zháohuǒ le — building on fire
大楼 着火 了

zuǒbiān-r de dàlóu zháohuǒ le — left side of that building on fire
左边儿 的 大楼 着火 了

túshūguǎn zuǒbian-r de dàlóu zháohuǒ le — library left side of that building on fire
图书馆 左边儿 的 大楼 着火 了

2.
le — particle
了

tōu zǒu le — stolen away
偷 走了

ràng rén tōu zǒu le — by person stolen away
让 人 偷 走了

qiánbāo-r ràng rén tōu zǒu le — purse by person stolen away
钱包儿 让 人 偷 走了

wǒde qiánbāo-r ràng rén tōu zǒu le — my purse by person stolen away
我的 钱包儿 让 人 偷 走了

3.
jiē — street
街

liǎng tiáo jiē — two streets
两 条 街

gé liǎng tiáo jiē — separate two streets
隔 两 条 街

hé ...		gé	liǎng	tiáo	jiē	from ... separate two streets
和		隔	两	条	街	
hé	zhè-r	gé	liǎng	tiáo	jiē	from here separate two streets
和	这儿	隔	两	条	街	

4.

				diànhuà	telephone
				电话	
			guà	diànhuà	dial telephone
			挂	电话	
	wǎng ...		guà	diànhuà	to ... dial telephone
	往…		挂	电话	
	wǎng	gōng'ān jú	guà	diànhuà	to public safety bureau dial telephone
	往	公安局	挂	电话	
gǎnkuài	wǎng	gōng'ān jú	guà	diànhuà	quickly to public safety bureau dial telephone
赶快	往	公安局	挂	电话	

5.

					le	particle
					了	
				guòqù	le	over
				过去	了	
			hūn	guòqù	le	fainted over
			昏	过去	了	
		tūrán	hūn	guòqù	le	suddenly fainted over
		突然	昏	过去	了	
	zhàngfu	tūrán	hūn	guòqù	le	husband suddenly fainted over
	丈夫	突然	昏	过去	了	
wǒ	zhàngfu	tūrán	hūn	guòqù	le	my husband suddenly fainted over
我	丈夫	突然	昏	过去	了	

6.

			zhèn jìng	calm
			镇静	
		bǎochí	zhèn jìng	keep calm
		保持	镇静	
	nín	bǎochí	zhèn jìng	you keep calm
	您	保持	镇静	
qǐng	nín	bǎochí	zhèn jìng	please you keep calm
请	您	保持	镇静	

Exercise

1. Make a phrase by combining two or three of the following words:

1. 左边儿 的   zuǒ biān-r de
2. 昏 过去   hūn guòqu
3. 信用 卡   xìnyòng kǎ
4. 我 丈夫   wǒ zhàngfu
5. 里面 有   lǐmian yǒu
6. 两 条 街   liǎng tiáo jiē
7. 小偷儿   xiǎotōu-r
8. 火警   huǒ jǐng
9. 大楼   dàlóu
10. 失火   shīhuó
11. 匪警   fěi jǐng
12. 隔   gé
13. 抓   zhuā
14. 快 挂   kuài guà
15. 了   le

2. Make a new sentence by using the substitute words given:

1. 那 个   大楼 _____ 了。
   Nà ge   dàlóu _____ le.

   a. 失火   shīhuǒ
   b. 着火   zháohuǒ

2. 快   挂 _____ 电话。
   kuài guà _____ diànhuà.

   a. 火警   huǒ jǐng
   b. 匪警   fěi jǐng

3. 赶快 往 _____ 挂 电话。
   Gǎnkuài wǎng _____ guà diànhuà.

   a. 公安局   gōng'ān jú
   b. 急救 中心   jí jiù zhōngxīn

4. 快 _____ 呀！
   Kuài _____ ya!

a. 救火   jiùhuǒ

b. 救人   jiùrén

c. 抓小偷儿   zhuā xiǎotōu-r

5. 我 _____让 人 偷 走 了。

   Wǒ _____ràng rén tōu zǒu le.

a. 钱包儿   qiánbāo-r

b. 背包   bēibāo-r

c. 衣服   yīfu

6. 在 那儿, 和 这儿 隔 _____。

   Zài nà-r, hé zhè-r gé _____.

a. 两 条 街 liǎng tiáo jiē

b. 一 条 马路 yì tiáo mǎlù

c. 两 座 楼 liǎng zuò lóu

7. 有 人 突然 _____ 了。

   Yǒu rén tūrán _____ le.

a. 昏过去   hūn guòqu

b. 被电打   bèi diàn dǎ

c. 被车撞   bèi chē zhuàng

3. Answer the following questions:

1. What should you shout when you see a building on fire? What is the fire brigade's telephone number in China?

2. What should you shout when someone is stealing your things? To whom should you report, and what number should you dial for help?

3. What should you shout when someone needs first aid help? What's the telephone number for ambulance?

New words for exercises

1. 背包儿   bēibāo-r   bag

2. 衣服   yīfu   clothes

3. 马路   mǎlù   road   *lit.* horse road

4. 被   bèi   passive mark

5. 电   diàn   electricity

6. 打   dǎ   shock

7. 撞   zhuàng   hit

Reading Review

这个 星期，格林 先生 和 格林 夫人 受到 了 两次 邀请。 一次 是 小 田 请 他们 看 京剧。 另一次 是 丁 女士 请 他们 到 家 里 作客。

在 丁 女士 的 家，他们 先 喝 了 茶，欣赏 了 国画儿，最后 又 吃 了 饭。 每次 丁 女士 说"请！"的 时候，格林 先生 和 格林 夫人 总是 说"谢谢"。 可 小田 总是 说"别 麻烦 了"。 这 反映 了 中国 和 西方 文化、 习惯 的 不同。 这种 不同 还 表现 在 接收 礼物，谢绝 别人 等 方面。

除了 逛 商店，格林 先生 和 格林 夫人 还 逛 了 市场。 在 那儿，他们 和 商贩儿 讨 价 还 价。 很多 西方 人 对 商贩 的 纠缠 很 生气。 其实，这 没有 必要。 只要 你 说声："谢谢，不要！"离开 就 完 事儿 了。

他们 还 到 中国 餐馆儿 吃 中国菜。 中国菜 有 八 大 菜系。 味道 不同，风格 也 不同。 北京 烤鸭 是 京菜 的 代表 之一。 美国 快餐 在 中国 也 很 盛行。

健康 和 安全 很 重要。 在 中国，遇到 火警，你 可 以 挂 119。 有 匪警，挂 110。 有人 得了 急病 需要 救护车，你 可以 挂 120。 记住 这 几个 电话 号码儿 很 有 用处。

Zhèige xīngqī, Gélín xiānsheng hé Gélín fūren shòudào le liǎngcì yāoqǐng. Yícì shì Xiǎo Tián qǐng tāmen kàn jīngjù. Lìng yícì shì Dīng nǚshì qǐng tāmen dào jiā lǐ zuòkè.

Zài Dīng nǚshì de jiā, tāmen xiān hē le chá, xīnshǎng le guóhuà-r, zuìhòu yòu chī le fàn. Měi cì Dīng nǚshì shuō "Qǐng!" de shíhou, Gélín xiānsheng hé Gélín fūren zǒngshì shuō "Xièxie!". Kě Xiǎo Tián zǒngshì shuō "Bié máfan le". Zhè fǎnyìng le Zhōngguó hé xīfāng wénhuà 、xíguàn de bùtóng. Zhèzhǒng bùtóng hái biǎoxiàn zài jiēshōu lǐwù, xièjué biérén děng fāngmiàn.

Chú le guàng shāngdiàn, Gélín xiānsheng hé Gélín fūren hái guàng le shìchǎng. Zài nà-r, tāmen hé shāngfàn-r tǎojià huánjià. Hěnduō xīfāng rén duì shāngfàn-r de jiūchán hěn shēngqì. Qíshí, zhè méiyǒu bìyào. Zhǐyào nǐ shuō shēng: "Xièxie, búyào! " líkāi jiù wán shì-r le.

Tāmen hái dào Zhōngguó cānguǎn-r chī Zhōngguó cài. Zhōngguó cài yǒu bā dà càixì. Wèidào bùtóng, fēnggé yě bùtóng. Běijīng kǎoyā shì jīngcài de dàibiǎo zhīyī. Měiguó kuàicān zài Zhōngguó yě hěn shèngxíng.

Jiànkāng hé ānquán hěn zhòngyào. Zài Zhōngguó, yùdào huǒjǐng, nǐ kěyǐ guà yāo yāo jiǔ. Yǒu fēijǐng, guà yāo yāo líng-r. Yǒurén dé le jíbìng xūyào jiùhùchē, nǐ kěyǐ guà yāo èr líng-r. Jìzhù zhèi jǐge diànhuà hàomǎ-r hěn yǒu yòngchu.

This week, Mr. Green and Mrs. Green received two invitations. The first is from Young *Tian*, who invites them go to a Beijing opera. The other invitation is from Ms. Ding, who invites them to her home.

At her home, Mr. Green and Mrs. Green were offered a cup of tea. They admired a Chinese painting, and later on, they had meal together. Each time when Ms. Ding offers them something, Mr. Green and Mrs. Green always say "Thank you", but Young *Tian* always say "Please do not go through trouble". This shows the difference of the culture between the Chinese and the Western (people). This difference is also shown in aspects of accepting a gift or refusal etc.

Besides visiting a store, Mr. Green and Mrs. Green also visited a market.

There they bargained with a seller. Many Westerners are angry at the pestering of the seller. It is really unnecessary. The only thing you need to do is to say "Thanks, I don't want!" and then leave.

They also visited a Chinese restaurant. There are eight different branches of Chinese cuisine. The tastes are different, so are the styles. Beijing Roast Duck is one of the representative dishes of Beijing cuisine. America fast food is getting quite popular there.

Health and safety are very important. In China, you can dial number 119 for fire alarm and 110 if there has been a burglary. If someone is sick , (and) in need of ambulance, you may dial 120. Remember these telephone numbers, as they are very useful.

New words

1.	受到	shòudào	indicating passive
2.	邀请	yāoqǐng	invitation
3.	作客	zuòkè	being a guest
4.	欣赏	xīnshǎng	admire
5.	国画儿	guóhuà-r	Chinese painting
6.	…的时候	de ... shíhou	when ...
7.	反映	fǎnyìng	reflect
8.	西方	xīfāng	Western
9.	文化	wénhuà	culture
10.	习惯	xíguàn	custom, habit
11.	表现	biǎoxiàn	represent
12.	接收	jiēshōu	receive
13.	谢绝	xièjué	politely refuse
14.	等	děng	etc.
15.	方面	fāngmiàn	aspect

16.	除了…	chú le ...	besides, except
17.	逛	guàng	stroll
18.	商店	shāngdiàn	shop
19.	市场	shìchǎng	market
20.	商贩	shāngfàn	peddler
21.	讨价还价	tǎo jià huán jià	bargain
22.	纠缠	jiūchán	be tied down
23.	大	dà	main, big
24.	味道	wèidao	taste
25.	必要	bìyào	necessary
26.	离开	líkāi	to leave, to go away
27.	菜系	càixì	cuisine school
28.	…之一	... zhīyī	one of the ...
29.	风格	fēnggé	style
30.	盛行	shèngxíng	prevail
31.	健康	jiànkāng	health
32.	安全	ānquán	safety
33.	得	dé	to get, to suffer from
34.	急病	jíbìng	emergency
35.	救护车	jiùhùchē	ambulance
36.	有用处	yǒu yòngchu	useful

Exercise

1. Answer the following questions:

1. 谁　邀请　格林　先生　　和夫人　到　家　里　作客？
    Shuí　yāoqǐng　Gélín　xiānsheng　hé fūren　dào　jiā　lǐ　zuòkè?

2. 除了喝茶，欣赏　国画儿，丁　女士还请他们作什么了？
    Chú le　hēchá, xīnshǎng guóhuà-r, Dīng nǚshì　hái qǐng tāmen zuò shénme le?

3. 在　市场，　　格林　夫人　为什么　　生气　　了？
    Zài shìchǎng,　Gélín　fūren wèishénme　shāngqì　le?

4. 你喜不喜欢　吃中国　菜？喜欢　吃哪些中国　菜？
    Nǐ xǐ bu xǐhuan chī Zhōngguó cài? Xǐhuan chī nǎxiē Zhōngguó cài?

5. 中国　的火警、匪警、和急救中心　的电话　各是什么？
    Zhōngguó de huǒjǐng、fěijǐng、hé jíjiù　zhōngxīn de diànhuà gè shì shénme?

2. Translate the following sentences:

1. 这　个星期格林　先生　和夫人受到了两　次邀请。
    Zhè ge xīngqī Gélín xiānshen hé fūren shòudào le liǎng cì yāoqǐng.

2. 中国　和西方在文化　和习惯等　方面　有很大不同。
    Zhōngguó hé xīfāng zài wénhuà hé xíguàn děng fāngmiàn yǒu hěndà bùtóng.

3. 逛　市场　很有意思，你可以和商贩　讨价还价。
    Guàng shìchǎng hěn yǒu yìsi,　nǐ kěyǐ　hé shāngfàn tǎo jià huán jià.

4. 如果商贩　纠缠　你，你不必生气，说声儿　"谢谢!
    Rúguǒ shāngfàn jiūchán nǐ,　nǐ　búbì shēngqì, shuōshēng-r "Xièxie!
    不要!"就　行　了。
    búyào!" jiù xíng le.

5. 中国　菜有八大菜系，味道不同，风格　也不同。
    Zhōngguó cài yǒu bā dà càixì, wèidào bùtóng, fēnggé yě bùtóng.

6. 记住火警、匪警、和急救中心　的电话　很有用处。
    Jìzhù huǒjǐng、fěijǐng、hé jíjiù　zhōngxīn de diànhuà hěn yǒuyòngchu.

3. Discussion:

1. What would you say, if you wanted to invite your Chinese friends to your home?

2. How would you offer your friend a cup of coffee or tea?

3. What would you do, when your Chinese friends say "no" to your offer?

4. How would you pay a complement to a friend if you received a gift from them?

5. What would you say, if you like or dislike something?

6. How would you bargain in a market?

7. Go to a Chinese restaurant, and order some Chinese dishes.

8. How would you ask the waiter for a knife and fork, and tell him that you can not use chopsticks.

9. How would you ask the waiter that you would like to order a small bottle of Maotai.

10. Tell your friends what the telephone number for fire brigade, police, and the ambulance are in China.

11. Give examples to illustrate the difference between the Chinese and the Western on culture and custom etc.

APPENDICES

1. Particles

Particles	Function	In lesson
吧 ba	used at the end of a sentence, indicating suggestion	1
吗 ma	A question mark, used at the end of a sentence	1
啊 a	used at the beginning of a sentence, indicating sudden understanding	2
的 de	modifier mark for nouns	2
噢 ào	used at the beginning of a sentence, indicating understanding	4
了 le	used after a verb, or the end of a sentence, indicating situation has changed or action has been completed.	5
哟 yōu	used at the beginning of a sentence, indicating astonishment	8
呐 na	see 啊	13
喂 wèi	Used at the beginning of a sentence, to attract attention, or make a phone call	18
呢 ne	used at the end of a sentence, to substitute whole sentence said previously	26
嘛 ma	used at the end of a sentence, indicating the speaker's idea that something is obvious. And advise	27
呵 he	used at the beginning of a sentence, to soften the tone of a speaker	27

2. Measure Words

a). Measure words for nouns:

Measure words	Function	In lesson
1. 个 gè	popular word, can be used for many items	3
2 封 fēng	used for letter	9
3. 张 zhāng	used for items that has a flat surface, such as table,	

		paper, newspaper. Or something that can be opened, such as mouth	9
4.	笔 bǐ	used for bill, transfer etc.	15
5.	位 wèi	a respect form of 个 gè, used for person, such as Professor, Mr. etc.	18
6.	场 chǎng	used for movie, or play	21
7.	幅 fú	used for painting, photography etc.	22
8.	条 tiáo	used for something that is long, such as river, towel, trousers etc.	23
9.	束 shù	used for something that can be bounded, such as flowers, hair, hay	23
10.	套 tào	used for something that is a set, such as books, suits etc.	23
11.	本 běn-r	us ed for book, dictionary, etc.	23
12.	打 dá-r	twelve as one da-r, used for eggs, envelope, shocks etc.	23
13.	件 jiàn-r	used for clothes.	23
14.	扎 zhā	used for beer.	25
15.	把 bǎ	used for something that can be hold by hand, suchas chair, etc.	26
16.	杯 bēi	used to measure liquid by cup.	26
17.	根 gēn	used for something straight, like cigarette, grass, twigs, etc.	28

b). Measure words for verbs:

Meausre words		Function	In lesson
1.	遍 biàn	counting for action times	8
2.	点 diǎn-r	indicating small amount	10
3.	下 xià-r	used for a short action times	15
4.	趟 tàng	counting for action times	17

| 5. 会 | huì-r | used for a short action times | 19 |
| 6. 顿 | dùn | used for action of eat, beat, scold etc. | 26 |

3. Phrases and Structures

Phrase	Pronuncication	English translation	In lesson
1. 从…来	cóng … lái	come from …	1
2. 催一催	cuī yì cuī	urge (indicating the action last for a short time)	7
3. 越…越…	yuè … yuè …	the more and more	7
4. 该死的	gāisǐ de	damned	8
5. 又…了	yòu … le	again	8
6. 让…	ràng	let/ indicating passive	8
7. 太…了	tài … le	too …	8
8. 把	bǎ	indicating to deal with	9
9. 在…中	zài … zhōng	in	12
10. 甭…了	béng … le	do not	12
11. 到…怎么走	dào … zěnme zǒu	How would I go to …?	13
12. 是…还是	shì … hái shì	… or …	17
13. 从…开始	cóng … kāishǐ	start from …	18
14. 从…起	cóng … qǐ	start from …	18
15. 自…始	zì … shǐ	start from …	18
16. 要是…的话	yàoshì … dehuà	if …	19
17. 有的…有的	yǒude … yǒude	some … some	19
18. 非…不行	fēi … bù xíng	must	20
19. 在…之前	zài … zhīqián	before	20
20. 对…感兴趣	duì … gǎn xìngqù	to be interested in	21
21. 为…干杯	wèi … gānbēi	to … toast	22
22. 不能再…了	bù néng zài … le	cann't be more adj.	24

23. 又…又…	yòu ... yòu ...	both ... and ...	26
24. …什么的	... shénme de...	etc.	26
25. 和…隔…	hé ... gé ...	stand or lie ... between	29
26. …的时候	... de shíhou	when	30
27. 除了…	chú le ...	besides or except	30
28. …之一	... zhīyī	one of the ...	30

4. Time Words

a). Year

Name of year	Pronunciation	English translation
1. 大前年	dà qiánnián	three years ago
2. 前年	qiánnián	two year ago
3. 去年	qùnián	last year
4. 今年	jīnnián	this year
5. 明年	míngnián	next year
6. 后年	hòunián	two years from now
7. 大后年	dà hòunián	three years from now

twelve names of the year in which one was born (2003 is year of sheep, counting in turn)

1. 鼠	shǔ	rat
2. 牛	niú	bull
3. 虎	hǔ	tiger
4. 兔	tù	rabbit
5. 龙	lóng	dragon
6. 蛇	shé	snake
7. 马	mǎ	horse
8. 羊	yáng	sheep

9. 猴	hóu	monkey
10. 鸡	jī	rooster
11. 狗	gǒu	dog
12. 猪	zhū	pig

b). Quarter of a year

Name of quarter	Pronunciation	English translation
1. 第一 季度	dìyī jìdù	January – March
2. 第二 季度	dìèr jìdù	April – June
3. 第三 季度	dìsān jìdù	July – September
4. 第四 季度	dìsì jìdù	October – December

c). Season

Name of season	Pronunciation	English translation
1. 春天	chūntiān	Spring
2. 夏天	xiàtiān	Summer
3. 秋天	qiūtiān	Autumn
4. 冬天	dōngtiān	Winter

d). Month

Name of month	Pronunciation	English translation
1. 大 上 个 月	dà shàng ge yuè	two months ago
2. 上 个 月	shàng ge yuè	last month
3. 这 个 月	zhè/zhèi ge yuè	this month
4. 下 个 月	xià ge yuè	next month
5. 大 下 个 月	dà xià ge yuè	two months from now

e). day

Name of day	Pronunciation	English translation
1. 大 前天	dà qiántiān	three day ago

2. 前天	qiántiān	two day ago
3. 昨天	zuótiān	yesterday
4. 今天	jīntiān	today
5. 明天	míngtiān	tomorrow
6. 后天	hòutiān	the day after tomorrow
7. 大后天	dà hòutiān	three day from now

f). Name of period time

During one day	Pronunciation	English translation
1. 凌晨	língchén	before dawn
2. 黎明	límíng	dawn (literature)
3. 早上	zǎoshang	about 7 o'clock
4. 上午	shàngwǔ	about 7.30 – 11.30
5. 中午	zhōngwǔ	about 11.30 – 1.00 pm
6. 下午	xiàwǔ	about 1.00 – 5.00 pm
7. 黄昏	huánghūn	twilight (literature)
8. 晚上	wǎnshang	about after 6.00 pm
9. 半夜	bànyè	after 10.00 pm
10. 子夜	zǐyè	12.00 pm – 1.00 am

5. Place Words

a). Main countries

Name of country	Pronunciation	English translation
1. 中国	Zhōngguó	China
2. 美国	Měiguó	America
3. 爱尔兰	Ài'ěrlán	Ireland
4. 英国	Yīngguó	U.K.
5. 法国	Fǎguó	France

6. 德国	Déguó	Germany
7. 日本	Rìběn	Japan
8. 西班牙	Xībānyá	Spain
9. 瑞士	Ruìshì	Switzerland
10. 瑞典	Ruìdiǎn	Sweden
11. 荷兰	Hélán	Holland
12. 希腊	Xīlà	Greece
13. 加拿大	Jiānádà	Canada
14. 澳大利亚	Àodàlìyà	Australia
15. 埃及	Āijí	Egypt
16. 奥地利	Àodìlì	Austria
17. 莫斯科	Mòsīkē	Moscow

b). Main cities

Name of city	Pronunciation	English translation
1. 北京	Běijīng	Beijing
2. 上海	Shànghǎi	Shanghai
3. 广州	Guǎngzhōu	Canton
4. 香港	Xiānggǎng	Hong Kong
5. 西安	Xī'ān	Xi'an
6. 成都	Chéngdū	Chengdu
7. 东京	Dōngjīng	Tokyo
8. 都伯林	Dūbólín	Dublin
9. 伦敦	Lúndūn	London
10. 华盛顿	Huáshèngdùn	Washington
11. 纽约	Niǔyuē	New York
12. 堪培拉	Cānpéilā	Canberra
13. 巴黎	Bālí	Paris

| 14. 柏林 | Bólín | Berlin |
| 15. 哥本哈根 | Gēběnhāgēn | Copenhagen |

6. Number Words

Number	Pronunciation	English translation
1. 一	yī	one
2. 二	èr	two
3. 三	sān	three
4. 四	sì	four
5. 五	wǔ	five
6. 六	liù	six
7. 七	qī	seven
8. 八	bā	eight
9. 九	jiǔ	nine
10. 十	shí	ten
11. 百	bǎi	hundred
12. 千	qiān	thousand
13. 万	wàn	ten thousand
14. 1/2	èr fēn zhī yī	one half
15. 1/3	sān fēn zhī yī	one third
16. 0.5	líng diǎn-r wǔ	point five

7. Currency Words

Name of currency + unit	Pronunciation	English translation
1. 圆	yuán	yuan
2. 角	jiǎo-r	jiao-r
3. 分	fēn	fen

4. 块	kuài	kuai
5. 毛	máo	mao
6. 美元	Měiyuán	American Dollar
7. 欧圆	Ōuyuán	Euro
8. 英镑	Yīngbàng	British Sterling
9. 爱尔兰 镑	Ài'ěrlán bàng	Irish Pounds
10. 法郎	Fǎláng	French Franc
11. 德国 马克	Déguó mǎkè	Deutsche Mark
12. 日本 圆	Rìběn yuán	Japanese Yen
13. 人民币	Rénmínbì	Renminbi
14. 瑞士 法郎	Ruìshì fǎláng	Swiss Franc
15. 瑞典 克郎	Ruìdiǎn kèlǎng	Swedish Kroner
16. 澳大利亚 圆	Àodàlìyà yuán	Australian Dollar

8. Titles

Title	Pronunciation	English translation
1. 先生	xiānsheng	Mr.
2. 夫人	fūren	Mrs.
3. 女士	nǚshì	Ms.
4. 小姐	xiǎo jiě	Miss
5. 同志	tóngzhì	Comrade
6. 老 + 姓	Lǎo + xìng-r	Old + family name
7. 小 + 姓	Xiǎo + xìng-r	Young + family name

9. Reference for Exercises

Lesson 1

3.   1.   My family name is Ding, and my full name is Dinglin.

2. My family name is Green, and you may call me David.

3. I am a general manager.

4. This is my business card.

5. 1. 我 是。   Wǒ shì.

     2. 我 叫 格林·大卫。   Wǒ jiào Gélín Dàwèi.

     3. 对/是。   Duì.

     4. 我 从 美国 来。   Wǒ cóng Měiguó lái.

Lesson 2

3. 1. There is English.

     2. There is Chinese on the other side.

     3. This is my home e-mail address, not the one in the office.

     4. Chinese language is interesting.

     5. I hope you say it in Chinese.

     6. I hope to see you again.

Lesson 3

2. 1. 1   2. 两 liǎng   3. 1, 15/ 1, 1

     4. 5, 20   5. 5, 30/ 5, 半 bàn   6. 20, 10/ 9, 40

     7. 5, 9/ 8, 55 8. 15, 11/ 10, 45/ 1, 11/10, 3

3. 1. It's one o'clock now.

     2. I'll have a meeting in the afternoon.

     3. I'll have a meeting at three o'clock.

     4. You have to leave earlier.

     5. The journey will take two hours.

Lesson 4

3. 1. Interview will take place on Friday.

     2. There is a meeting at 2.00 pm.

     3. Have a look Old Ding's diary.

     4. How about change it to next Thursday?

     5. This is Mr. Green's diary.

     6. This is not Mr. Wang's diary.

Lesson 5

3. 1. a.   2. c   3. a

4. 1. When will the software arrive?

2. They've ordered software.

3. He'll have a meeting tomorrow.

4. Now is April.

5. Could the software arrive in two months time?

Lesson 6

1. 3 + 1   2 + 4   6 + 5

2. 1. 请问 qǐngwèn   2. 几 点 jǐ diǎn   3. 想 xiǎng

4. 电话 diànhuà   5. 九 点 jiǔ diǎn

4. 1. Excuse me, is this the bank?

2. This is the ticket office.

3. Mr. Green wants to open an account.

4. He has to go to the bank to open an account.

5. The bank opens at 9 o'clock.

6. A staff in the bank says that they open at 9 o'clock.

Lesson 7

1. 1 + 3   2 + 6   5 + 4

2. 1. 订购 dìnggòu   2. 没 méi   3. 发 fā

4. 很 好 hěn hǎo   5. 联网 liánwǎng

4. 1. The software we ordered still hasn't arrived yet.

2. Have you ordered the software?

3. Their company has a web site.

4. Their company also has a web page.

5. Check it out on the internet.

6. Are your computers on a network?

7. How about send an e-mail?

Lesson 8

1. 1 + 2   4 + 3   5 + 6   8 + 7

2. 1. 该死 的 Gāisǐ de   2. 病毒 bìngdú   3. 懒 上司 lǎn shàngsī

4. 要不然 Yàoburán 一遍 yí biàn   5. 传真 chuánzhēn

4. 1. The computer has hung.

2. The computer has a virus again.

3.   The virus has been brought by an e-mail attachment.

4.   Do not open the attachment, please!

5.   How about I retype it?

Lesson 9

1.   1 + 2   4 + 3   5 + 7   8 + 6   9 + 10   11 + 12

2.   1. 包裹 bāoguǒ   2. 海运 hǎiyùn   3. 往 wǎng

4. 填 上 Tián shang   5. 把 Bǎ

4.   1.   His secretary wants to send a parcel.

2.   He wants to post it by air.

3.   It'll reach London in one week.

4.   Place the scale on the table, please.

5.   Fill in the form, please.

Lesson 10

1.   1.   格林　先生　　是　　经理。
Gélín   xiānsheng   shì   jīnglǐ.

2.   他　到　　中国　　两　　个　　月　　了。
Tā   dào   Zhōngguó   liǎng   ge   yuè   le.

3.   到　中国　　以后 他 认识 了王　先生　　和丁 女士。
Dào Zhōngguó yǐhòu, tā rènshi le Wáng xiānsheng hé Dīng nǚshì.

4.   格林　先生　　有　　秘书。
Gélín   xiānsheng   yǒu   mìshu.

5.   格林　先生　　很　　忙。
Gélín   xiānsheng   hěn   máng.

6.   因为　　伊妹儿　带　病毒　　了。
Yīnwèi   yīmèi-r   dài   bìngdú   le.

7.   格林　先生　　的 汉语　越　来　越　好　了。
Gélín xiānsheng de   Hànyǔ   yuè   lái   yuè   hǎo   le.

2.   1.   Mr. Green get to know Mr. Wang.

2.   Mr. Green can speak a little Chinese.

3.   The secretary are busy on making a phone call.

4.   The computer has hung, and it has to be restarted.

5.   Sometimes computer can carry a virus.

6. There are name and address on the business card.

7. Mr. Green has been in China for two months.

Lesson 11

1. 2 + 1   3 + 1   4 + 1   5 + 6

2. 1. 附近儿 fù jìn-r   2. 哪儿 nǎ-r   3. 左 zuǒ
4. 分钟 fēnzhōng   5. 什么 shénme

4.
1. There is no bank nearby.
2. It'll take ten minutes to reach the nearest bank.
3. It'll take about fifteen minutes.
4. Turning right, it's a library.
5. Turning left, it's a restaurant.
6. Go straight ahead, no turning.
7. Mr. Green does not know where the bank is.
8. Mr. Green said thanks to the moman.

Lesson 12

1. 1 + 2   4 + 3   6 + 5   8 + 7

2. 1. 哪儿 nǎ-r   2. 车 chē   3. 一点儿 yìdiǎn-r
4. 钱 qián   5. 找 zhǎo

4.
1. Mr. Green wants to get there by taxi.
2. He wants to go to Beijing IT Company.
3. He asked the driver to drive faster, as he is going to be late.
4. Mr. Green gives thirty *kuai* to the driver.
5. He told the driver to keep the changes.
6. *Renminbi* is the name of the Chinese currency.
7. "¥" is the symbol for the Chinese currency.
8. *"Kuai"* is *"yuan"*. *"Kuai"* is used in spoken language.

Lesson 13

1. 2 + 1   3 + 2 + 1   4 + 5 + 6   7 + 6   4 + 5 + 7 + 6

2. 1. IT 公司 IT gōngsī   2. 远 yuǎn   3. 坐车 zuòchē
4. 几 路 jǐ lù   5. 倒 dǎo

4.
1. It's necessary to take a transport to go to Tiantan Park.
2. You could go there by bike, it'll be quicker.

3. I have to go there by bus.

4. Excuse me, which bus should I take?

5. Excuse me, what transport should I take?

6. What if I do not take any sort of transport?

7. My goodness, that's very far away.

8. Excuse me, how could I go to *Tiananmen* Square ?

Lesson 14

1. 2 + 1   4 + 3   4 + 3 + 5 + 6

2. 1. 换 点儿 huàn diǎn-r   2. 用 yòng   3. 兑换率 duìhuànlǜ
    4. 美元 Měiyuán   5. 用/欧圆 yòng/Ōuyuán

4. 1. Mr. Green wants to exchange for some Renminbi.

    2. He has a thousand Dollars.

    3. How much *Renminbi* would I get, if I have 267 Euro?

    4. Today the exchange rate for American Dollar and *Renminbi* is 1: 9.00.

    5. Mr. Green has changed 15,000 *kuai Renminbi* from British Sterling.

Lesson 15

1. 1 + 2   3 + 5   6 + 4   7 + 8

2. 1. 个 帐户 ge zhànghù   2. 转/帐 zhuǎn/zhàng   3. 先 填 Xiān tián
    4. 护照 hùzhào   5. 下 次 Xià cì

4. 1. What can I do for you?   *lit*. Do you have any thing you need help with?

    2. I would like to get a fund to be transferred.

    3. I would like to open an account.

    4. Fill in this form first please.

    5. Mr. Green intends to get a fund to be transferred from the States.

    6. The clerk in the bank wants to see Mr. Green's passport.

    7. In China, a passport is needed, if one wants to open an account.

    8. In U.K., an address and bill are needed, if one wants to open an account.

Lesson 16

1. 1 + 2 + 3   4 + 5   4 + 5 + 3   6 + 7 + 8
    7 + 8   1 + 7 + 8

2. 1. 打算 dǎsuan 2. 打算 dǎsuan 3. 提前 tíqián 4. 和/一起 hé/ yìqǐ
    5. 来不及 láibù jí   6. 办完 bànwán   7. 买到 mǎidào

4. 1.   Mr. Green intents to go to Shanghai, and only stay there for two days.

2.   Ms. Ding is going to *Xi'an* with two friends.

3.   The best thing to do is to buy a ticket couple of days in advance.

4.   It's too late to get a ticket today.

5.   Mr. Green still has a lot things to do.

Lesson 17

1.   1 + 2 + 3   1 + 3   4 + 5   4 + 5 + 6 + 3

8 + 9 + 7   11 + 10

2.   1. 买 mǎi   2. 打算 dǎsuan   3. 是/还是 shì/hái shì

4. 晚上 wǎnshang   5. 付款 fùkuǎn

4. 1.   His secretary wants to reserve a ticket.

2.   He'll take evening train to go to *Shanghai* next Thursday.

3.   He'll go there by sleeping berth in an express.

4.   The secretary has paid for a ticket by credit card.

5.   The person at the station said that he would send the ticket by post.

Lesson 18

1.   1 + 2   4 + 3   6 + 7 + 5   9 + 8

2.   1. 哪里 nǎli   2. 一 个 yí ge   3. 从/开始 cóng/ kāishǐ

4. 单 dān   5. 外收 Wàishōu

4. 1.   The secretary wants to reserve a room.

2.   Mr. Green is going to stay in Shanghai Hotel.

3.   He'll stay one week from 1st March.

4.   That hotel is rather expansive, they charge 2,000 *kuai a night*.

5.   To reserve a room is quite easy, just to make one call.

Lesson 19

1.   3 + 1   10 + 2   6 + 4   8 + 5   9 + 7

2.   1. 怎么 还 zěnme hái   2. 电子 屏幕 Diànzǐ píngmù   3. 一会儿 yíhuì-r

4. 厕所 cèsuǒ   5. 的话 dehuà

4. 1.   The baggage still hasn't arrived, it is because the vehicle doesn't work.

2.   There are still no information on the electronic screen.

3.   They have to go through an arrival formality at customs.

4.   The formality to go through the customs is quite easy.

5. Most of the airport have shop, restaurant, internet bar and toilet.

6. If you are not in a hurry, please wait for a little while and we go together.

7. There is a bar at the airport, so there is no need to find elsewhere.

Lesson 20

1. 1. 这/这　个　星期　格林　先生　　去了　银行　　美国
   Zhè/zhè ge xīngqī, Gélín xiānsheng qù le yínháng, Měiguó
   使馆、去　上海　　出差　之前　还　去　机场　　接他　夫人。
   shǐguǎn, qù Shànghǎi chūchāi zhīqián, hái qù jīchǎng jiē tā fūren.

   2. 格林　先生　　　去　银行　换　　了　美元。
   Gélín xiānsheng qù yínháng huàn le Měiyuán.

   3. 美元　　和　人民币　　的　兑换　率　是　1:8.60。
   Měiyuán hé Rénmínbì de duìhuàn lù shì l: 8.60.

   4. 格林　先生　　　换　了 1,000　美元　　的　人民币。
   Gélín xiānsheng huàn le 1,000 Měiyuán de Rénmínbì.

   5. 格林　先生　　是　坐　出租车　去　的　美国　　使馆。
   Gélín xiānsheng shì zuò chūzūchē qù de Měiguó Shǐguǎn.

   6. 格林　先生　　下　星期四　去　　上海　　出差。
   Gélín xiānsheng xià xīngqīsì qù Shànghǎi chūchāi.

   7. 他　在　上海　　饭店　预订　了　房间。
   Tā zài Shànghǎi Fàndiàn yùdìng le fángjiān.

   8. 格林　先生　　去　机场　接　他　夫人。
   Gélín xiānsheng qù jīchǎng jiē tā fūren.

2. 1. This week Mr. Green is very busy.

   2. Mr. Green's wife has just come from America.

   3. He has reserved a room before going to *Shanghai* for the business trip.

   4. It would be convenient, if one has a bank account.

   5. *Beijing* IT company is quite far away from the American Embassy, one has to take a taxi.

   6. You may go to the American Embassy either by bus, train or underground.

   7. Relatively speaking, the *Shanghai* Hotel is quite expensive.

Lesson 21

1. 9 + 1   2 + 6   4 + 3 + 7   2 + 5 + 8

2. 1. 有空儿 yǒukòng-r   2. 什么 shénme   3. 看 kàn
4. 中国 Zhōngguó   5. 门口 ménkǒu-r / 见 jiàn / 散 sàn

Lesson 22

1. 3 + 1   4 + 2   9 + 8   7 + 6   10 + 5   11 + 12

2. 1. 很 不错 hěn búcuò   2. 不错 búcuò   3. 很 漂亮 hěn piàoliang
4. 坐 zuò   5. 可以 kěyǐ

Lesson 23

1. 2 + 1   3 + 4   8 + 5   7 + 6   10 + 9

2. 1. 光临 guānglín   2. 多少 duōshao   3. 优惠 yōuhuì
4. 交款 jiāokuǎn   5. 钱 qián

Lesson 24

1. 1 + 2   3 + 1   2 + 3 + 1   5 + 4   5 + 6   7 + 8
10 + 9

2. 1. 卖 mài   2. 算 suàn   3. 选 xuǎn / 价实 jiàshí
4. 款式 kuǎnshì   5. 多少 duōshao

Lesson 25

1. 2 + 1   5 + 3   7 + 4   6 + 8   9 + 10

2. 1. 菜单 càidān-r   2. 点 点儿 diǎn diǎan-r   3. 菜单 càidān-r
4. 来 Lái   5. 不错 búcuò   6. 味道 wèidao

Lesson 26

1. 3 + 2 + 1   4 + 5 + 7   6 + 8   9 + 10

2. 1. 点 点儿 diǎn diǎn-r   2. 奶酪 nǎilào / 杯 bēi   3. 餐 巾 cānjīn
4. 又…又 yòu ... yòu ...   5. 倒 dào   6. 倒 dào   7. 什么 shénme

Lesson 27

1. 3 + 1   4 + 2   5 + 6   7 + 8

2. 1.拿 的 ná de   2.送 sòng   3.还 huái
4.根 据 Gēnjù/当面 dāngmiàn   5.可 kě   6.最 zuì

Lesson 28

1. 1 + 2   4 + 3   6 + 5   7 + 8 + 9   10 + 9

2. 1.能 néng   2.抽烟 chōuyān   3.要不然 Yàoburán
4.再 Zài   5.声儿 shēng-r/音儿 yīn-r

Lesson 29

1. 1 + 9   5 + 3   4 + 2 + 15   13 + 7
9 + 10 + 15   14 + 8   14 + 11   12 + 6

3. 1.快 救火 呀！Kuài jiùhuǒ ya/119 2.抓 小偷儿 呀！zhuā xiǎotōu-r wa
/警察 jǐngchá/110   3.救人哪！Jiùrén na/120

Lesson 30

1. 1.丁 女士 邀请 格林 先生 和格林 夫人 到 家里 作客。
Dīng nǚshì yāoqǐng Gélín xiānsheng hé Gélín fūren dào jiā lǐ zuòkè.

2. 除了 喝茶、欣赏 国画儿,丁 女士 还 请 他们 吃了 饭。
Chú le hēchá、xīnshǎng guóhuà-r, Dīng nǚshì hái qǐng tāmen chī le fàn.

3. 因为 商贩 纠缠 她。
Yīnwei shāngfàn jiūchán tā.

4. 很 喜欢 吃。红烧 牛肉、糖醋 鱼 等等。
Hěn xǐhuan chī. Hóngshāo niúròu、tángcù yú děngdeng.

5. 中国 的 火警 电话 是 119。 匪警 电话
Zhōngguó de huǒjǐng diànhuà shì yāoyāojiǔ. Fěijǐng diànhuà
是 110。 急救 中心 的 电话 是 120。
shì yāoyāo líng. jíjiù zhōngxīn de diànhuà shì yāoèrlíng.

2. 1. This week Mr. Green and Mrs. Green have been invited twice.

2. There are great difference between the Chinese and the Western in terms of culture and customs.

3. It's a fun to go around the market, as you can bargain with the seller.

4. It's unnecessary to be angry, if the seller pesters you. Just say "Thank you! I don't want to buy."

5. There are eight different Chinese cuisines in terms of taste and style.

6. It's very useful to memorize the telephone numbers for fire alarm, burglary and emergency.

Chinese-English Glossary

Pinyin	Chinese Character	English	Page
ā	啊	function word	16
(shì) ... háishì	（是）…还是	... or ...	159
(yì)diǎn-r	（一）点儿	a little	28
... shénme de	什么的	indicating etc.	253
... zhīyī ...	…之一	one of the ...	294
ài yōu wèi	哎哟喂	function words	283
Àiěrlán	爱尔兰	Ireland	13
Ànà	阿娜	Anna	98
ānpái	安排	to arrange	99
ānquán	安全	safety	294
ànzhào	按照	according to	270
ào	噢	function word	42
Àodàlìyà yuán	澳大利亚圆	Australia Dollar	135
ba	吧	function word, indicates suggestive mode	2, 70
bǎ	把	a preparation word, indicating to deal with, a measure word (classifier)	88, 235
bā	八	eight	38
bǎi	百	hundred	38
bái sòng	白送	give way	226
bái jiǔ	白酒	rice wine *lit.* white wine	217
bàn	半	half	39, 52, 108
bàn	办	do	62
bàn shǒuxu	办手续	go through formality	181
bàn wán	办完	finished	148
bànfǎ	办法	method	159
bàng	棒	very good	86
bāngmáng	帮忙	to help *lit.* help to (when sb. is) busy	145
bàngōngshì	办公室	office	24, 77
bāo	包	bag	270
bǎochí	保持	keep	16
bāoguǒ	包裹	parcel	88
bàotíng-r	报亭儿	newsagents	108
bàozhǐ	报纸	newspaper	190, 278
bèi	被	passive mark	290
bēibāo-r	背包儿	bag	290
bèimiàn-r	背面儿	the other side	16

Pinyin	Chinese Character	English	Page
běn	本	a measure word for book etc.	225
béng	甭	the combination of two characters 不 not and 用 need	110
bì	必	must	209
bǐ	比	comparative particle, indicates a ratio	130
bǐ	笔	measure word, a sum	138
biǎoxiàn	表现	represent	293
bié	别	do not	209, 239
bié jù yì gé	别具一格	unique	209
biéde	别的	others	177
bǐ jiào	比较	compare, relatively	195
bìyào	必要	necessary	294
bù	不	no, not	13
bú cuò	不错	not bad	239
bù hǎo yìsi	不好意思	feel uneasy	270
bù néng zài ... le	不能再…了	can not do better than ...	229
bù yídìng	不一定	not necessary	260
bù xíng	不行	It won't do	77
bú jiàndé	不见得	not necessarily	252
bù jiǎ	不假	true *lit.* not false	253
Bùlǎng	布朗	Brown	98
cái	才	It emphasis the time that is early.	155
càidān-r	菜单儿	menu	239
càixì	菜系	cuisine school	294
cānguǎn-r	餐馆儿	restaurant	108
cān jīn zhǐ	餐巾纸	serviette	252
cèsuǒ	厕所	toilet	108, 278
chá	茶	tea	272
chà	差	less	39
chā	叉	folk	253
chácha	查查	check/search	77
chán zhe	缠着	be tied down	229
cháng	尝	to taste	239
chǎng	场	a measure word	198
chǎocài	炒菜	cook dish	209
cházuò	茶座	*lit.* tea seat, a carriage with better services	166
chē	车	vehicle	159
chéng	乘	to take	126

Pinyin	Chinese Character	English	Page
chéng	成	become, Ok	177
chèng	秤	scale	88
chènshān	衬衫	shirt	235
chēzhàn	车站	train station	166
chī	吃	to eat	117, 217
chídào	迟到	be late	117
chóngdǎ	重打	retype	80
chóngféng	重逢	reunion	217
chōuyān	抽烟	smoke cigarette	217, 272
chú le ...	除了…	besides, except	294
chū máobing	出毛病	doesn't work, have a problem	86
chuān	穿	to wear	270
chuāncài	川菜	Chinese food of *Sichuan* style	248
chuānghu	窗户	window	272
chuántǒng	传统	tradition, classic	198
chuánzhēn	传真	fax	80
chūchāi	出差	go for a business trip	155, 193
chúfáng	厨房	kitchen	209
chūlai	出来	out	145
chún sī	纯丝	pure silk	229
chún mián	纯棉	pure cotton	225
chūzū chē	出租车	taxi	117
chūzū chēzhàn	出租车站	taxi station	108
cídiǎn	词典	dictionary	278
cóng ... lái	从…来	come from... *lit.* from... come	2
cóng... qǐ	从…起	start from... *lit.* from... start	176
cóng...kāishǐ	从…开始	start form ...	171
cuīcui	催催	to urge	70
cún	存	lodge	145
cúnzhé	存折	account book	145
dà	大	main/big	294
dǎ	打	shock	290
dā	搭	give away	226
dǎ diànhuà	打电话	make a phone call	67, 145
dà duōshù	大多数	most	190
dǎkāi	打开	to open, to switch it on	86, 270
dà, zhōng, xiǎo	大，中，小	big, medium, small	260
dǎdī	打的	take a taxi	126

Pinyin	Chinese Character	English	Page
dàgài	大概	probably, approximately	177
dài	戴	to wear	270
dāi	呆	to stay	155
dài bìngdú	带病毒	carry a virus	80
dàilái	带来	bring *lit.* bring come	80, 270
dà jiē	大街	avenue	283
dǎkāi	打开	to open, to switch it on	272
dàlóu	大楼	building	283
dān	单	single	176
dān jiān-r	单间儿	single-room	171
dāngmiàn	当面	in front of	262
dàngtiān	当天	same day	155
dànshì	但是	but	155
dānzi	单子	form	89, 138
dào	到	arrive, reach, go	52, 70, 120
dào	倒	indicating things are opposite from one's expectation	252
dǎo	倒	to change	120
dāo	刀	knife	253
dào chá	倒茶	pour tea	217
dào lái	到来	come	225
dào...zěnme zǒu	到…怎么走	how could I reach ...? *lit.* go... how	120
dá-r	打儿	a measure word, 12 items as one da.	225
dǎsuan	打算	intend to	148
dàyī	大衣	coat	225
dàyuē	大约	approximately, about	28, 102
de	的	= 's (possessive particle)	2
dé	得	finished, to get, suffer from	145, 209, 294
de ... shíhou	的时候	when ...	293
Déguó	德国	Germany	13
děi	得	need, must	28, 52, 62
děng	等	wait, etc.	118, 293
dēng jīkǒu	登机口	bording gate	190
dèngzi	凳子	bench	260
Déwén	德文	German	24
diàn	电	electricity	290
diǎn cài	点菜	order dish	239
diànchē	电车	tram *lit.* electric vehicle	126

Pinyin	Chinese Character	English	Page
diànchuán	电传	telefax	86
diànhuà	电话	telephone	16
diànnǎo	电脑	computer	24, 76
diànshì	电视	television	278
diànyǐng-r	电影儿	film, movie	166
diànzǐ	电子	electronic	181
diànzǐ yóujiàn	电子邮件	electronic mail	24
diē	跌	decrease	136
dié-r	碟儿	saucer	260
dìfang	地方	place	176
dìng	订	order	52
Dīng	丁	a Chinese family name	2
dìnggòu	订购	reserve	70
dìnghuò	订货	order goods	67
dìngpiào	订票	to reserve a ticket	159
dìqū	地区	region	204
dì-r	地儿	place	177
dìtiě	地铁	underground	108, 120
dìyī zhōu	第一周	the first week	98
dìzhǐ	地址	address	16
dǒng	懂	understand	16
dōngxi	东西	stuff/ things	278
dōu	都	both, all, it indicates emphasis	98, 155
dú	读	read loudly	24
duǎn	短	short	76
duànliàn shēntǐ	锻炼身体	do exercise *lit.* exercise body	278
duì	对	right	118
duì ... gǎn xìngqù	对…感兴趣	is interested in ...	204
duìbuqǐ	对不起	sorry	13, 67
duìhuàn	兑换	exchange	130
duō xiè	多谢	thanks a lot	2
duōcháng	多长	how long	88
èr/liǎng	二/两	two	38
fā	发	to send	70, 80
fā yīmèi-r	发伊妹儿	send an e-mail	67
Fǎguó	法国	France	13
fàndiàn	饭店	hotel, restaurant	28
fàng zài ...	放在…	put at	88

Pinyin	Chinese Character	English	Page
fáng'ái	防癌	anti-cancer	272
fāngbian	方便	convenient	195, 253
fángjiān	房间	room	171
fāngmiàn	方面	aspect	293
fǎnyìng	反映	reflect	293
Fǎwén	法文	French	24
fēidéi ... bùxíng	非得…不行	must, have to	193
fěijǐng	匪警	burglar alarm	283
fèixīn	费心	take a lot of trouble	270
fēn(zhōng)	分 (钟)	minute	39
fēng	封	a measure word (classifier) for letter.	190
fēngdù	风度	grace	239
fēnggé	风格	style	294
fēnzhōng	分钟	minute	102
fú	幅	a measure word	209
fúhào-r	符号	symbol	117
fùjiàn-r	附件	attachment	80
fùjìn	附近	nearby	102
fùkuǎn	付款	pay money	159, 166
fúwùqì	服务器	server	77
fùzhàng	付帐	pay money	177
gǎi	改	to change	86
gǎidào	改到	change to	42
gāisǐ de	该死的	dame *lit.* should die	80
gāng	刚	just	195
Gǎngbì	港币	Hong Kong Dollar	135
gànmá	干嘛	doing what, why, how come	190, 229
gǎnkuài	赶快	hurry, quickly	283
gǎnxiè	感谢	thank	86
gàosu	告诉	to tell	98, 166
gāoxìng	高兴	glad	2
gè	个	a measure word (classifier)	28
gēbo	胳膊	arm	270
gěi	给	to give	89, 110
Gélín	格林	Green	2
gēnjù	根据	according	262
gēn-r	根	a measure word	272
gōng'ān	公安	public safety	283

Pinyin	Chinese Character	English	Page
gōngbǎo	宫保	way of cooking	210
gōngbǎo jīdīng-r	宫保鸡丁	*Gongbao* chicken	248
gōnggòng qìchē	公共汽车	bus *lit.* public petrol vehicle	120
gōngsī	公司	company	2
gōngyòng	公用	public used	108
gǒu	狗	dog	58
gǔ	鼓	drum	273
guà	挂	hung/to dial	270, 283
guàhào xìn	挂号信	registered letter	95
guǎiwān-r	拐弯儿	turn *lit.* turn bend	108
guàn	贯	a measure word for money in the past	198
guàng	逛	to go around, stroll	204, 294
guǎngbō	广播	broadcast	190
guānglín	光临	presence (of a guest etc.)	220
Guǎngzhōu	广州	The capital city of Canton Province	166
guānmén-r	关门儿	close the door	67, 117
Gùgōng	故宫	the Forbidden City	204
guò	过	pass, pass through	39, 181
guóhuà-r	国画儿	Chinese painting	293
guòjiǎng	过奖	I'm flattered	209, 270
guòlùrén	过路人	a passer-by	193
gùyuán	雇员	employee	99
hái	还	besides	16
hái děi	还得	must, have to	181
hǎiguān	海关	customs	181
hǎiyùn	海运	by surface *lit.* sea transport	88
Hànbǎo bāo-r	汉堡包儿	Hamburger	252
hángkōng	航空	by air *lit.* narigate (in the) sky	88
hángkōng guà hào xìn	航空挂号信	registered letter by air	95
Hànzì	汉字	Chinese character	98
hào	号	date	42
hào mǎ-r	号码儿	number	159
hǎo	好	good, well, OK	2
hǎokàn	好看	good looking	270
hǎoxiàng	好象	as if	42
hào mǎ-r	号码	number	16
hé	和	and	16
hè	嗬	particle. It indicates astonishment.	217

Pinyin	Chinese Character	English	Page
hē pí jiǔ	喝啤酒	drink beer	239
hé... gé...	和⋯隔⋯	stand or lie between	283
hé...yìqǐ	和⋯一起	with ... together	148
hěn	很	very	2
hóngshāo	红烧	way of cooking	210
hóngshāo niúròu	红烧牛肉	beef braised in brown soy sauce	248
hóu-r	猴	monkey	58
hòutiān	后天	the day after tomorrow	166
hǔ	虎	tiger	58
huài (le)	坏 (了)	does not work, have a problem	77, 86, 190
huáliū lǐ jǐ	滑溜里脊	salted fillet with thick gravy	248
huàn	换	exchange	130
huānyíng	欢迎	welcome	136, 220
huà-r	画儿	painting	209
huí	回	to return, this time	118
huì	会	meeting	28
huì	会	can, could, will, would	159
huì gù	惠顾	present	225
huí jiā	回家	go home	270
hùn fǎng	混纺	mixture of texture	225
hūn guòqu	昏过去	fainted *lit.* faint over	283
huò zhēn jià shí	货真价实	good value	229
huǒchē zhàn	火车站	railway station	117
huǒ jǐng	火警	fire alarm	283
huǒtuǐ	火腿	ham	248
hùzhào	护照	passport	138
IT gōngsī	IT公司	IT company	120
jí	急	urgent	190
jì	寄	to post	88
jǐ	几	what (time)/ how much/ how many	39
jī	鸡	rooster	58
jiā	家	home, family	16
jiàn	见	to see	138
Jiānádà	加拿大	Canada	13
jiǎndān	简单	simple	76, 190
jiǎng Yīngyǔ	讲英语	to speak English	283
jiàngcài	酱菜	pickles	248
jiànkāng	健康	health	217, 294

Pinyin	Chinese Character	English	Page
jiàn-r	件	a measure word (for clothes)	220
jiànshēnfáng	健身房	gymnasium	190
jiào	叫	call	2, 13
jiǎo	脚	foot, feet	270
jiāohuàn	交换	exchange	98
jiāokuǎn	交款	pay *lit.* submit the payment	220
jiàqī	假期	vacation	50
jíbìng	急病	emergency	294
jīchǎng	机场	airport	117, 181
jí jiù	急救	emergency	283
jiè	借	to borrow/ to lend	143
jiē	接	to meet	166, 193
jiēshōu	接收	receive	293
jǐn	紧	tight	278
jīn	斤	weight unit 1 *jin* = 0.5 kg	236
jīngjù	京剧	Beijing opera	198
jīnglǐ	经理	manager	2
jìnlai	进来	come in	278
jīnnián	今年	this year	58
jīntiān	今天	today	28
jìshù	技术	technology	171
jiù	就	it indicates emphasis, at once, only, soon, here it indicates only	52, 70, 159, 209
jiǔ	九	nine	38
jiǔbā	酒吧	bar	190
jiūchán	纠缠	be tied down	294
jiǔ féng zhī jǐ qiān bēi shǎo	酒逢知己 千杯少	one meets a good friend, even if we drink a thousand cups of wine with him, still feel we drank too little.	218
jiùhùchē	救护车	ambulance	294
jiùhuǒ	救火	put down fire	283
jízhuāngxiāng	集装箱	container	95
juéde	觉得	feel	99
júzhī-r	橘汁儿	Orange juice	248
kāfēi diàn	咖啡店	coffee bar	204
kāi	开	to open, to drive	62, 110, 138
kāihuì	开会	have a meeting	67
kāimén-r	开门儿	open	62

Pinyin	Chinese Character	English	Page
kāishǐ	开始	start, begin	176, 217
kàn bu dǒng	看不懂	can not understand	98
kànkan	看看	have a look	42
kǎo yā	烤鸭	roast duck	239
kè	刻	a quarter	39, 198
kě	可	indicates emphasis	120
kěkǒukělè	可口可乐	Coca cola	248
kěndìng	肯定	definitely	80
kèqi	客气	polite	127
kěyǐ	可以	may, it's Ok (here)	138, 148
kǒngpà	恐怕	I'm afraid	77, 155
kǒuyǔ	口语	spoken langauge	118
kù	酷	cool	181, 217
kuài	块	name of unite for Chinese currency	89, 110
kuài	快	quick, fast	108, 117
kuàicān	快餐	fast-food	252, 278
kuài jiàn-r	快件儿	express post	95
kuàixìn	快信	fast letter	95
kuàngquánshuǐ	矿泉水	mineral water	248
kuǎnshì	款式	style	229
kuānyù	宽裕	well-to-do	278
lái	来	come, order	62, 239
láibu jí	来不及	there is no time	155
láide jí	来得及	still have time	148, 155
lǎn shàngsī	懒上司	lazy boss	80
lǎo	老	always	229
Lǎo Dīng	老丁	Old Ding	2
láo jià	劳驾	excuse me	96, 159
le	了	function word	50
lí ...bù yuǎn	离…不远	not far away from ...	195
liàng	亮	bright, here means on	86
liǎng	两	weight unit 1 *jin* = 10 *liang*	236
liáng cài	凉菜	cold dish	239
liǎngdiǎn (zhōng)	两点 (钟)	two O'clock	28
liánwǎng	联网	*lit.* connect net	77
liánxi	联系	contact	16
liáotiān-r	聊天儿	have a chat	209
líkāi	离开	to leave/to go away	294

Pinyin	Chinese Character	English	Page
lǐmào	礼貌	polite	262
lǐmian	里面	inside	239
līn	拎	carry	270
líng	零	zero	38
lìng yí gè	另一个	another	127
lǐngdài	领带	tie	235
língqián	零钱	changes	96
liù	六	six	38
lǐwù	礼物	present, gift	262
lóng	龙	dragon	58
lóushàng	楼上	upstairs	260
lóutī	楼梯	stair	260
lù	路	road, route	120
lù	率	rate	130
lúnchuán	轮船	ship, ferry	126
Lúndūn	伦敦	London	88
luó	锣	gong	273
lùshang	路上	on the way	28
lǚxíng	旅行	tour	166
lǚyóu	旅游	tour	155
ma	吗	a question mark	13
ma	嘛	indicating a tone of speaker	262
mǎ	马	horse	58
mǎi gǔpiào	买股票	buy shares	67
mǎipiào	买票	buy ticket	67, 148
mǎicài	买菜	buy grocery *lit.* buy vegetable	278
mǎlù	马路	road *lit.* horse road	290
màn	慢	slow	117
mǎn	满	full	177
máng wán	忙完	finished	210
mánghuo	忙活	busy	217
màn jiàn-r	慢件儿	ordinary post	95
Máotái	茅台	a well-known wine used in national banquet	217, 248
máoyī	毛衣	pull-over	270
mápó dòufu	麻婆豆腐	spicy bean-curd	248
mǎshàng	马上	right away, immediately	248, 283
méi	没	no, not	70

Pinyin	Chinese Character	English	Page
méi shénme	没什么	it's nothing	102
méideshuō	没的说	no fuse	217
méiguānxi	没关系	it's nothing/It doesn't matter	13, 67
Měiguó	美国	America	2, 13
Měiguó shǐguǎn	美国使馆	The America Embassy	110
Měiyuán	美元	America Dollar	130, 135
miǎnbuliǎo	免不了	unique	193
miànshì	面试	interview	42
mǐfàn	米饭	rice	248, 278
míngchēng	名称	name	117
míngnián	明年	next year	52
míngpiàn	名片	business card	2
míngzi	名字	name	13, 24
mìshū	秘书	secretary	70
na	呐	function word	120
nà gǎnqing hǎo	那感情好	that would be wonderful	217
ná gěi	拿给	bring to	239
náhǎo	拿好	keep it carefully *lit.* keep well/safe	220
nà/nèi	那	that	13, 24
nǎ/něi tiān	哪天	which day	42
nǎilào-r	奶酪儿	cheese	252
nǎlǐ	哪里	where, not at all	171, 176, 209
nánrén	男人	man	120
nà-r	那儿	over there	95
nǎ-r	哪儿	where	28
náshǒu	拿手	good at	248
néng	能	can, be able to	52, 120
niàn	念	read	24
nín	您	you	2
niú	牛	cow	58
nǚshì	女士	Ms.	2
Ōuyuán	欧圆	Euro	135
páiduì	排队	queue	190
pǎo zhe	跑着	by running	127
péi	陪	company	209
péngyou	朋友	friend	148
piányi	便宜	cheap/good value	229, 252
piàoliang	漂亮	beautiful	217, 262

Pinyin	Chinese Character	English	Page
píjiǔ	啤酒	beer	217
píng	瓶	bottle	248
píngguǒ	苹果	apple	236
píngmù	屏幕	screen	181
píngxìn	平信	ordinary letter	95
pīnpán-r	拼盘儿	assorted dish	239
pǔkuài	普快	ordinary fast train	159
pútao jiǔ	葡萄酒	grape wine	217, 248
qí	骑	ride	126
qī	七	seven	38
qián	钱	money	95, 110
qiān	千	thousand	38, 67
qián nián	前年	two years ago	58
qiánbāo-r	钱包	purse	190, 270
qiǎokèlì	巧克力	chocolate	278
qīchá	沏茶	make tea	278
qǐdòng	启动	start (computer, machine etc.)	100
qǐfēi	起飞	take off	190
qīn'ài	亲爱	dear	181
qīngchu	清楚	clear	86
Qīngdǎo	青岛	brand name for the beer	239
qīngzhēng yú	清蒸鱼	steamed fish	248
qìshuǐ-r	汽水儿	lemonade	248
qǔ	取	take (out), to get, to fetch	145, 190
qù cānguǎn-r	去餐馆儿	go to a restaurant	67
qùnián	去年	last year	58
ràng	让	let	50, 176, 283
ránhòu	然后	then	80
rén	人	person	166
rén jia	人家	the person	272
rénmín	人民	people	130
Rénmínbì	人民币	Chinese currency	117, 130, 135
rènshi	认识	to know, to recognize	2
Rìběn	日本	Japan	13
rìjì	日记	diary	42, 190
Rìwén	日文	Japanese	24
Rìyuán	日元	Japanese Yen	135
róngyi	容易	easy	176

Pinyin	Chinese Character	English	Page
ruǎn jiàn-r	软件儿	software	52, 70
Ruìdiǎn kèlǎng	瑞典克朗	Swedish Kroner	135
Ruìshì fǎláng	瑞士法郎	Swiss Francs	135
rù jìng kǎ	入境卡	entrance registration card	181
sàn	散	scatter	198
sān	三	three	38
shàng	上	last, to go	50, 117
shàng cèsuǒ	上厕所	go to the toilet	181
shàng shǒu	上手	use one's hands	239
shàng fēi jī	上飞机	get on an airplane	67
shàngbān	上班	go to office	67
shàngchē	上车	get on *lit.* get on car	110
shāngdiàn	商店	shop	67, 294
shāngfàn	商贩	peddler	294
Shànghǎi	上海	a city in southern china	148
shànghuǒ	上火	get angry	193
shāngliang	商量	to discuss	248
shāngrén	商人	merchant	229
shàngwǎng	上网	go on line	76
shàngwǔ	上午	morning	38
shǎo	少	little	118, 229
shàosī	少司	sauce	260
sháozi	勺子	spoon	260
shé	蛇	snake	58
shēnfèn zhèng-r	身份证	ID	145
shěng shí jiān	省时间	save time	260
shēng-r	声儿	sound	273
shēngrì	生日	birthday	270
shěngshì-r	省事儿	save trouble *lit.* save matler	260
shèngxíng	盛行	prevail	294
shénme	什么	what	13, 28
shénme de	…什么的	indicating etc.	253
shénme shíhou	什么时候	when	52
shēnshì	绅士	gentlman	239
shí	十	ten	38
shì	是	to be	2
(shì) … háishì	(是)还是	… or …	159
shì shi	试试	have a try	177

Pinyin	Chinese Character	English	Page
shìchǎng	市场	market	293
shíhou	时候	what time/when	28, 166
shīhuǒ	失火	on fire	283
shíjiān	时间	time	88
shì-r	事儿	thing, matter	62
shǒubiǎo	手表	watch	24
shòudào	受到	indicating passive	293
shōudào	收到	receive	86
Shǒudū Jùchǎng	首都剧场	the Capital Theatre	198
shōufèi	收费	charge fee	190
shǒujī	手机	mobile phone	24, 76
shōujù	收据	receipt	220
shòupiào chù	售票处	ticket office	67
shǒutóu-r	手头儿	finger-tip	278
shù	束	bundle, bunch a measure word	225
shǔ	鼠	mouse	58
shuāng	双	double/a pair	160, 176, 235
shuí/shéi	谁	who, whom	98
shuǐguǒ	水果	fruit	272
shuō	说	to say, speak	16, 99
shúxi	熟悉	familiar	193
shūzhuō	书桌	desk	76, 225
sì	四	four	38
sǐjī	死机	hung	80
sōnghuā dàn	松花蛋	preserved egg	248
sònglái	送来	send	86
suàn	算	to account	117
suān huánggua	酸黄瓜	pickled cucumber	260
suǒyǐ	所以	so, therefore	209
súrén	俗人	person who is vulgar	209
tài	太	too	181
táng	糖	sugar/candy	278
tàng	趟	a measure word	159
tángcù yú	糖醋鱼	sweet and sour fish	248
tào	套	set a measure word	225
tào cān	套餐	a set dish	239
tǎo jià huán jià	讨价还价	bargain	294
tèbié	特别	special	209

Pinyin	Chinese Character	English	Page
tèkuài	特快	express *lit.* specially fast	95, 159
tèkuài zhuāndì	特快专递	delivered by courier *lit.* special fast specially post (letter or parcel)	95
tèyì	特意	especially	278
tián	填	fill in	138
tiān	天	day/heaven/God	42, 120
tiān máfan	添麻烦	give trouble	209
tián shang	填上	fill in *lit.* fill on	89
Tiān'ānmén	天安门	Tian'anmen Square	117, 126
tiándiǎn	甜点	dessert	248
Tiāntán gōngyuán	天坛公园	the Temple of Heaven	126
tiáo	条	a measure word	226, 235
tiē	贴	stick	96
tīng	听	listen	273
tīngshuō	听说	heard (someone) saying (something)	118
tíqián	提前	move up (a date)	42, 148
tōnghuò	通货	currency	117
tōu	偷	to steal	283
tóu bì de	投币的	coin phone *lit.* throw coin phone	108
tù-r	兔	rabbit	58
tūrán	突然	suddenly	283
túshūguǎn	图书馆	library	108, 283
wài shōu	外收	in addition	171
wán	完	finished	145
wàn	万	ten thousand	38
wǎn	晚	late	110, 117
wǎn	碗	bowl, or a measure word	248
wǎnbào	晚报	evening newspaper	176
Wáng	王	a Chinese family name	2
wǎng... guǎi	往···拐	turn towards ...	102
wǎng...jì	往···寄	send to *lit.* towards ... post	88
wǎngbā	网吧	internet bar	181
Wángfǔjing	王府井	name of a commercial street in Beijing	118
wǎngluò	网络	net	13
wǎngyè-r	网页	web page	76
wǎngzhǐ	网址	web-site	76
wǎnshang	晚上	evening	38
wèi	喂	hello	62

Pinyin	Chinese Character	English	Page
wèi	位	a measure word	176
wèi ... gānbēi	为···干杯	toast for	210
wèidao	味道	taste, flavour	239, 294
wéijīn	围巾	scarf	226
wèishénme	为什么	why	98
wěn	稳	steady	117
wěndìng	稳定	steady	136
wénfángsìbǎo	文房四宝	four treasures in study	262
wénhuà	文化	culture	293
wénjiàn	文件	document	99
wèntí	问题	problem, question	110, 118
wǒ	我	I/me	2
wòpù	卧铺	sleeping berth	159
wú	无	have not	209
wǔ	五	five	38
wǔhuì	舞会	ball *lit.* dance meeting	166
xǐ pánzi	洗盘子	wash plate	253
Xī'ān	西安	name of a city	155
xià	下	next	42
xià cì	下次	next time	138
xiàbān	下班	finish work (leave office)	67
xiàchē	下车	get off	117
xiàcì jiàn	下次见	see you next time	16
xiān	先	first	145, 239
Xi'ān	西安	a city in northern China.	166
xiǎng	想	want, think, would like	62, 88
xiāng	香	delicious	217
xiǎng xiang	想想	think (about it) for a while	176
Xiāngbīn	香槟	Champagne	217
xiāngcháng-r	香肠儿	sausage	248
xiānsheng	先生	Mr.	2
xiǎnshì píng	显示屏	moniter	86
xiànzài	现在	now	38
xiǎo	小	small/young	13
xiǎo píng-r	小瓶儿	small bottle	248
xiǎo jiàn-r	小件儿	small parcel	95
xiāopí	削皮	to peel	273
xiǎoshí	小时	hour	28

Pinyin	Chinese Character	English	Page
xiāoshòu	销售	sale	13
xiāoxi	消息	news	190
xiàwǔ	下午	afternoon	28
Xībānyá	西班牙	Spain	13
Xībānyáwén	西班牙文	Spanish	24
xié	鞋	shoe	235
xiě	写	write	24
xiē	些	plural form for 个 ge	260
xièjué	谢绝	politely refuse	293
xiěxìn	写信	write a letter	67, 76, 188
xīfāng	西方	Western	293
xíguàn	习惯	habit/custom	262, 293
xīguǎn-r	吸管儿	straw	260
xǐhuan	喜欢	like	210
xīn	新	new	2, 99
xīn'ài	心爱	love, treasure	270
xíng	行	it'll do	127
xìng	姓	family name is, surname	13, 24
xíngli	行李	luggage, baggage	181
xīngqīrì	星期日	Sunday	50
xīngqīsì	星期四	Thursday	42
xīngqīwǔ	星期五	Friday	42
Xīnjiāpō yuán	新加坡圆	Singapore Dollar	135
xīnkǔ	辛苦	hardship	181
xīnqíng yúkài	心情愉快	good mood *lit.* mood happy	278
xīnshǎng	欣赏	admire	293
xìnxī	信息	imformation	171
xìnyòngkǎ	信用卡	credit card	159
xiōng	胸	chest	270
xīwàng	希望	hope, wish	16
xuǎn	选	to choose	229
xué Hànyǔ	学汉语	learn Chinese	76
xué huì	学会	learn	217
xúnwèn	询问	inquiry	99
xūyào	需要	need	155
yājīn	押金	deposit	171
yǎn	演	to show	198
yáng	羊	sheep	58

Pinyin	Chinese Character	English	Page
yào	要	need, want, would, to be going to	28, 50, 110
yàoburán	要不然	used to suggest alternative solution	80
yāoqǐng	邀请	invitation	293
yàoshì... dehuà	要是…的话	if ...	181
yě	也	also	13
yī	一	one	38
yí biàn	一遍	once	80
Yìdàlì	意大利	Italy	252
yīdiǎn-r	一点儿	a little	28, 99
yídìng	一定	certainly, of course	24
yīfu	衣服	clothes	290
yígòng	一共	together	229
Yíhéyuán	颐和园	the Summer Palace	126
yǐhòu	以后	after, from now on	52
yǐjīng	已经	already	52
yīmèi-r	伊妹儿	e-mail	16, 70
Yīngbàng	英镑	British currency	133
yīnggāi	应该	should	118
yīnggāi de	应该的	should	102
Yīngguó	英国	U.K.	13
Yīngwén	英文	English	16
yínháng	银行	bank	62
yǐnliào	饮料	soft drink	248
yīn-r	音儿	sound	273
yīnwèi	因为	because	117, 190
yīnyuè tīng	音乐厅	concert hall	204
yīnyuè huì	音乐会	concert	204
yǐqián	以前	ago, before	52
yìzhí	一直	straight	102
yǐzi	椅子	chair	260
yòng	用	to use	16
yòng kǎ de	用卡的	card phone *lit.* use card phone	108
yóu jú	邮局	post office	65
yóupiào	邮票	stamp	89
yòu	又	again	80
yōu	哟	function word	86
yòu	右	right	108
yǒu	有	to have/there is	16, 28

Pinyin	Chinese Character	English	Page
yǒu xiē	有些	some	148
yǒu zīwei-r	有滋味儿	tasty	217
yǒu yòngchu	有用处	useful	294
yòu...yòu	又···又	both...and...	252
yǒude ... yǒude ...	有的···有的···	some ... some	190
yōuhuì	优惠	discount *lit.* privilege	220
yóu jú	邮局	post office	67
yǒukòng-r	有空儿	free	198
yǒumíng-r	有名儿	well-known, famous	248
yóupiào	邮票	stamp	89
yǒushíhou	有时候	sometimes	100
yǒuyì	友谊	friendship	210
yǒuyìsi	有意思	interesting	16
yuán	圆	unit of Chinese currency	67
yuǎn	远	far	120
yùdìng	预订	book in advance to reserve	148, 176
yuè	月	moon, month	52
yuè kuài yuè hǎo	越快越好	the sooner the better	70
Yuè jù	越剧	a local play from Shanghai region	204
yǔsǎn	雨伞	umbrella	235, 278
zài	在	is at	28
zài... zhīqián	在···之前	before	193
zài...zhōng	在···中	in...	118
zài jiàn	再见	good-bye	24
zán gēliǎng-r	咱哥俩儿	we two brothers	217
zánmen	咱们	we	198
zǎo	早	early	28
zǎoshang	早上	morning	166
zázhì	杂志	magazine	190
zèngsòng	赠送	give	270
zěnme	怎么	how	16, 86, 120
zěnme zhāo	怎么着	how can I help you?	138
zěnmeyàng	怎么样	how	98
zhā	扎	a measure word for beer	239
zhá jī tuǐ-r	炸鸡腿儿	deep fried chicken's leg	260
zhá tǔdòu-r tiáo-r	炸土豆条儿	chips *lit.* deep fried potato strip.	252
zhá wánzi	炸丸子	deep fried meat balls	248
zhān	粘	stick	89

Pinyin	Chinese Character	English	Page
zhàng	帐	bill	138
zhǎng	涨	increase	135
zhāng	张	a measure word	96, 159, 225
zhàngdān-r	帐单儿	bill	145
zhàngfu	丈夫	husband	283
zhànghù	帐户	bank account	138
zhǎo	找	give back (the change), look for	110
zháohuǒ	着火	on fire	283
zháo jí	着急	worry	193
zhè/zhèi	这	this	2
zhēn	真	really	120
zhēn bù qiǎo	真不巧	unfortunately	278
zhēn jí rén	真急人	It makes me worried	190
zhēn shì de	真是的	sorry	278
zhèng jiàn	证件	ID	145
zhèngmíng	证明	prove	145
zhèngzài	正在	a mark of present continuing tense	278
zhī	织	to knit	270
zhǐ mò bǐ yàn	纸、墨、笔、砚	paper, Chinese ink, brush, ink-stone	262
zhīdao	知道	to know	155
zhī jǐ	知己	dear friend	217
zhīpiào	支票	cheque	171
zhíyuán	职员	clerk	62
zhīyī	之一	one of the ...	294
zhǒng	种	a measure word, type	58, 248
zhòngbàng zhēnsī	重磅真丝	heavy silk	220
Zhōngguó	中国	China	117, 155
Zhōngguó mínháng	中国民航	China airline	190
zhōngtóu	钟头	hour	108
Zhōngwén	中文	Chinese language	16
zhōngxīn	中心	centre	283
zhù	住	live	171
zhū	猪	pig	58
zhuā xiǎotōu-r	抓小偷儿	seize thief	283
zhuǎn... guòlai	转…过来	transfer over	138
zhuàng	撞	hit	290
zhuāng	装	hold/put in	270
zhuī	追	to chase	229

Pinyin	Chinese Character	English	Page
zhùmíng	著名	famous, well-known	204
zhǔnbèi	准备	prepare	155, 272
zhuō-r (zi)	桌儿 (子)	table	95, 260
zì... shǐ	自…始	start form	176
zìjǐ	自己	oneself/self	155, 270
zǒng	总	always	217
zǒng jīnglǐ	总经理	general manager	13
zǒu	走	walk	28, 86, 102
zuì xǐhuan	最喜欢	the most favoured	262
zuì xīn	最新	the newest	229, 262
zuì jìn de	最近的	the nearest	102
zuò	做	to do	155
zuǒ	左	left	102
zuǒbiān-r	左边儿	left side	283
zuòchē	坐车	by transport	120
zuòkè	作客	being a guest	293